売りたいのに売れない！

非上場企業の少数株主が困ったときに読む本

都 竜大
日本成長支援パートナーズ株式会社 代表取締役

玄文社

はじめに

発行会社が買い取ってくれない

1週間前に電話で相談を受けたAさんと、初めての面談です。

「お電話でもお伝えしたとおり、いまZ社の株式を10パーセント所有しておりまして……。私ももう75歳なので、将来の相続発生時のことを考えて株式を売却したいと思っています」

Z社が北関東を拠点とする建設用資材のリース会社であることは、事前にインターネットで調査済みでした。しかし、それ以上の情報はわかっていません。というのも、Z社は「非上場企業」のため、株主構成や財務状況などの企業情報がオープンになっていないからです。

「Z社は40年ほど前に創業しました。昨年亡くなった創業者の前社長と私は大学の同級生でした。同級生のよしみで、創業資金の一部を支援した経緯があります。創業資金を提供する代わりに、同社の株式を譲り受けたのですが……。その後、会社も軌道に乗り、株主の私も毎年配当金を受け取ってきました。私も同社を応援したいという気持ちから、これまで株式の買取りの相談をしたことはありませんでした。ただ、私も高齢になり、相続のことも少しずつ考え始めています」

近年、将来の相続を見越し、株式の売却を検討する方が増えています。Aさんもその一人のようです。

「相談している税理士の先生からは、『いま相続が発生したら、3，000万円ほどの相続税がかかる』と言われました。しかも支払いは現金一括と聞きました。もし相続が発生しても、息子にそんな負担はさせられません」

仮に企業の内部留保が積み上がり、株式の評価額が上がっている場合、相続税は高額になります。さらに、支払いは現金で一括納付することが原則です。こういった税法上のルールも、実際に直面して初めて知る方が多いようです。

「前社長の娘婿である現社長とは面識がないため、先月Z社を訪問して、総務課長に『株式を買い取ってほしい』と相談を持ちかけてみました。ところが3か月経っても回答がなく、こちらから電話で問い合わせると、先方の総務課長は『いま検討しているところで……』と答えるばかりで埒《らち》が開きません。会社以外に買ってくれる方も思いつきません。高額で買い取ってほしいとも考えておらず、ただ、息子に迷惑がかからないようにしたいだけです。どうしたらよいのでしょうか？」

話し終えたAさんは、深くため息をつきました。

非上場株式の売却は難しい

Aさんのようなケースには、実はこれまで何度も遭遇しています。

株主の高齢化に伴い、株式の相続件数が増えています。しかし、相続を受けた人が、高額の相続税を一括で納めることは、多くの場合難しいでしょう。そこで相続が発生する前に、株式を売却（現金化）しようとして、発行会社に「買い取ってほしい」と打診するも、Aさんのようにのらりくらりかわされてしまい、いつまで経っても結論が出ないということが往々にしてあります。

発行会社にとっても買取りには多額の現金が必要であり、手元資金がない場合は銀行から借入れをしなければなりません。そこまではしたくないし、少数株式であれば経営への影響も限定的なので、買い取らずにそのまま放置しておくのが穏当だ、という判断になる場合もあります。

そうなると、売り手としては発行会社以外の買い手を探すしかありません。しかし、取引市場が存在しない非上場企業の株式は、その価値を誰もわからず、買い手を見つけることは非常に困難です。結果、売却することもできず、半ば諦めた方が、直接、または弁護士、会計士、税理士などを介して弊社に相談に来られます。

買い手は必ず見つかる

私が代表を務める「日本成長支援パートナーズ（NGS）」では、非上場企業の少数株式の流動化（＝売買）支援をメインに行っています。非上場株式の二次流通、すなわち既に発行された株式の再流通に携わるという意味で「セカンダリーエージェント」とも呼ばれています。

もともと私は、企業のM&A（ここでの「M&A」とは、経営権の移動を伴う過半数の株式の売買のこと）のアドバイザーをしていました。そのとき、株式を売りたくても売れない非上場企業の少数株主が、売却を諦めるか、仕方なく二束三文で売ってしまうケースを頻繁に見てきました。

たしかに、取引市場のない非上場企業の株式は、株主構成や財務状況などがオープンになっておらず、株式の価値もわからないため、上場株式のように簡単に売買することができません。関心を持ってくれる買い手を売り手が自ら探して、さらに売買交渉もしなければならないのです。

ましてや、企業の経営権を握ることができる過半数の株式でなく、少数株式となると、買い手を見つけることはより一層困難になります。途中で諦めたくなってしまう気持ちもわかります。

しかし、財務状況、ビジネスモデル、将来性などを丁寧に整理し、手間をかけて探していくと、たとえ非上場企業の少数株式であっても、関心を示してくれる買い手は出てくるものです。事実、私が非上場企業の少数株式の流動化支援を始めてから現在に至るまで、数多くの問い合わせや相談をいただき、売買をクロージングさせてきました。

これらの経験と知識をまとめることで、持っている株式を売りたくても買い手が見つからず、売却を諦めそうになっている少数株主の皆様のお役に立てるのではないか——それが、本書を執筆しようと考えたきっかけです。

非上場企業の少数株式を売るには

非上場企業の少数株式の売買におけるもっとも大きな問題は、流動性が低いために、売りたいときに売れないということです。

この「流動性の低さ」という特徴を踏まえて売却に向けたステップを進めなければ、非上場企業の少数株式を売却することはできません。

本書は、Aさんのような非上場企業の少数株式の売却を検討している方を主な読者として想定しています。本書を読むことで、非上場株式の売買に関する予備知識を備え、買い手や発行会社と対等に議論や交渉ができるようになることを目的としております。

そこで、非上場企業の特徴、少数株式の定義といった基礎知識から、少数株主であることのリスク、売却方法、さらにイメージしやすいよう具体的な売却事例まで、この本1冊で大まかなアウトラインをつかめるよう意識しました。

本書の構成は、次のとおりです。

●**第1章**……「非上場企業」「同族会社」「少数株主」などの定義・特徴について説明します。また、少数株主が生まれる背景、増えている現状について解説します。

●**第2章**……非上場企業の少数株式の流動性が低い原因、コーポレートガバナンスの問題、そして株式を売却したい少数株主が困難に直面する現状について解説します。

●**第3章**……非上場企業の少数株式を売却するための具体的なプロセスを「発行会社のことを知る」「買い手を探す」「株価を決める」「売買交渉をする」の4つのステップで解説します。

●**第4章**……アドバイザーとして手がけた6つの売却事例について紹介します。依頼を受けてから買い手を見つけ交渉を行い、売却、クロージングするまでのプロセスと、各事例における売却のポイントについて解説します。

●第5章……私が非上場企業の少数株式を流動化する会社を設立するまでの経緯を紹介します。また、非上場株式のセカンダリーマーケットの活性化が日本経済の成長に必須であることを解説します。

非上場株式だから、少数株主だから……と諦める必要はありません。本書を通じて、非上場企業の少数株式を売却するために必要なステップや手法を理解し、売却に向けた一歩を踏み出してほしいと願っています。

※本書執筆にあたっては、細心の注意を払い、正確かつ有用な内容となるよう心がけましたが、何らかの誤りがある可能性があります。実際に取引実行される場合は、弁護士・司法書士・税理士・公認会計士などの専門家に事前に確認いただくようお願いいたします。
※第4章で紹介する事例は、守秘義務の関係から、事実をベースとしたフィクションです。
※本書の内容は、原則として2021年10月1日現在の法令などに基づいています。

もくじ／売りたいのに売れない！　非上場企業の少数株主が困ったときに読む本

第2章 なぜ非上場企業の少数株式は売れないのか …… 49

第4章 非上場企業の少数株式はこうして売却した ～事例集～……111

1

第1章

「非上場企業の少数株主」が生まれる背景

1

非上場株式の特徴とは

いつでも売買できる上場株式

「株式」と聞いて、読者の皆様はどんなイメージを持ちますか?

「ある上場企業の株を、証券会社またはネット証券を通して1株1，000円で1，000株を合計100万円で買った。1か月後に株価が50円上がったので105万円で売り、5万円儲かった」

これが通常の株取引のイメージだと思います。株式を売った時点での株価が取得したときよりも高ければ利益が出て、安ければ損失が出ます。

そしてここでいう「通常の株取引」には、「売り買いが自由であること」「価格が公になっていること」「需要と供給が一致すると価格が決まること」が前提になっています。つまり、株式が市場（証券取引所）に上場されている「上場株式」なら、いつでも売買することができるのです。

日本国内には4つの証券取引所（札幌、東京、名古屋、福岡）があります。中でも東京証券取引所（東証）には「東証一部」「東証二部」「マザーズ」「JASDAQ（スタンダード、グロース）」などの市場があり、(*)東証一部の1日平均の売買代金は、3兆円前後となっています。

これらの証券取引所で株式を売買できる資格を得ることを「株式の公開」＝「上場」と呼び、その株式を発行している企業を「上場企業」と呼びます。株式の公開にあわせて、企業は投資家に向け業績や株主構成などの企業情報を開示します。開示された情報を踏まえ、投資家が株式（上場株式）を市場で取引することで、取引価格（株価）が形成されます。

＊東京証券取引所は2022年4月4日に現在の5つの市場区分を新しい3つの市場区分（プライム市場、スタンダード市場、グロース市場）に見直す予定です。すなわち①「東証1部」は「プライム市場」に、②「東証2部」「JASDAQスタンダード」は「スタンダード市場」へ、③「JASDAQグロース」「マザーズ」は「グロース市場」とそれぞれ改編、改称されます。

上場株式と非上場株式の違い

一方で、「非上場株式」とは、上場株式のように証券取引所で売買することができない株式を指します。「未公開株式」「プライベート・エクイティ（PE）」などともいいます。

非上場株式が上場株式と異なる点は、まず株式を取引するマーケットが存在しないことです。企業も業績や株主構成などの企業情報を開示しておらず、取引も行われないことから、株価も形成されていません。また、そもそも株式が売買されることを想定していないため、一般的には株式に譲渡制限（株式の譲渡にあたり、会社の承認を要する旨が定められていること）が定款で定められており、自由に売買することができません。

図表 1-1 ／上場株式と非上場株式の違い

	上場株式	非上場株式
①マーケットの有無	あり	なし
②企業情報	開示	非開示
③取引価格（株価）の形成	形成されている	形成されていない
④譲渡制限の有無	なし	あり （＊ない場合もあり）

99パーセント以上は非上場企業

上場企業と非上場企業、日本ではどちらが多いでしょうか？

国税庁が発行する「会社標本調査」によると、日本国内の株式会社の数は約270万社あります。そのうち、日本の中心的な株式市場である東証における上場企業数は3,786社（2021年9月2日現在）です。実は、上場企業の割合は全体のわずか0・15パーセントほどにすぎません。

つまり、今日の日本においては、株式会社の実に99パーセント以上を非上場企業が占めているのです。

「同族会社」とは？

日本の株式会社の99パーセント以上が非上場企業ですが、さらにその大半が「同族会社」です。

同族会社と聞いて「同族（＝親族）で経営されている会社」というイメージはなんとなく

浮かぶと思いますが、法律上は、同族会社について次のように定義されています。

●法人税法第2条第10号〔要約〕
会社の株主等の3人以下、並びにこれらと特殊な関係にある個人や法人が議決権の50パーセント超を保有している会社

つまり、「会社の株主等の3人以下」と「特殊な関係にある個人や法人」が保有している株式や出資金の合計が、その会社が発行した株式の総数や出資総額の半分を超えている場合、その会社を「同族会社」と定義しています。

図表1-2／「株式会社」における非上場企業・同族会社の割合

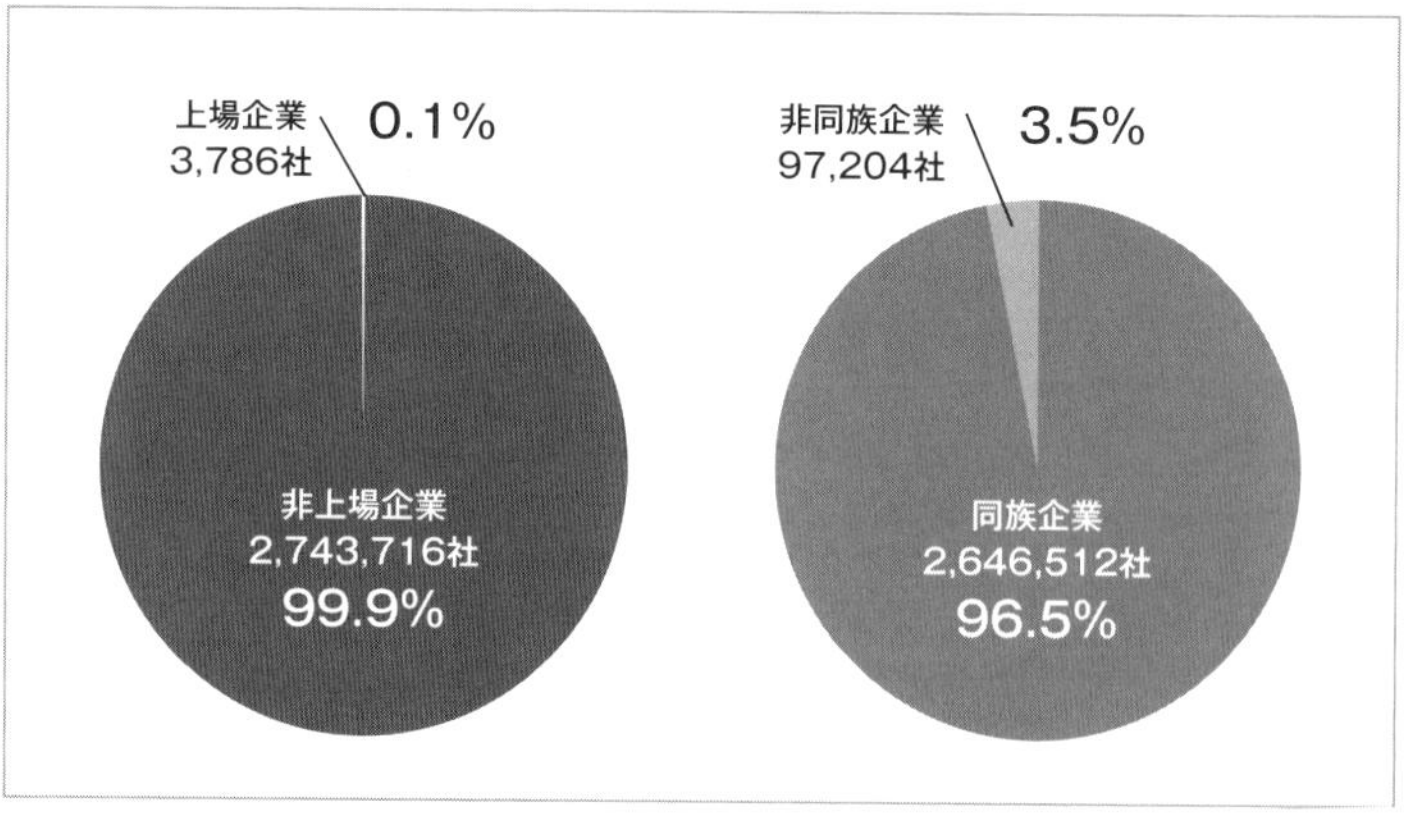

（出典：日本取引所グループ JPX企業情報／国税庁 令和元年度分会社標本調査結果）

「会社標本調査」によると、日本は、全法人に占める同族会社の割合が96パーセントに上る、世界でも類をみない「同族会社大国」と言えます。日本の株式会社の99パーセント以上は「非上場企業」です。さらにその大半を「同族会社」が占めているのが、日本の株式会社の実態です（図表1－2）。

「同族会社」の経営上の特徴

このように、日本の株式会社の大多数を占める非上場の同族会社は、経営上どのような特徴を持っているのでしょうか。経営上の特徴を知っておくことが、本書のテーマである「非上場企業の少数株式を売却する方法」の理解につながるため、主な特徴をメリットとデメリットに分けてそれぞれ説明します。

同族会社の経営上のメリットは次の3つです。

①迅速な意思決定が可能

通常の企業であれば、意思決定に向け多くのプロセスが必要になりますが、同族経営の場合、経営者を含め、関わりが深い人間のみが経営権を握っているため、迅速な意思統一が可能です。「経営権の寡占」とネガティブに捉えられる場合もありますが、経営にスピード感が求められる昨今では、ポジティブな側面もあると言えます。

②経営の安定性

同族会社は、安定した経営で長続きする企業が多いと言われています。会社が倒産すれば個人財産を失う可能性もあるので、経営者が仕事に取り組む意欲が強く、会社を永続させようという意識が高まるからです。一人の社長による経営期間が長くなる傾向にあることも、経営の安定につながります。

③経営理念の浸透

創業者の経営理念が代々浸透しやすく、上場企業に比べて安定した経営をもたらしやすいと考えられています。また、経営者の陣頭指揮があれば、社員の結束力は強くなります。

同族会社はコーポレートガバナンスが脆弱になりがち

一方、同族会社の経営上のデメリットは次の３つです。

①コーポレートガバナンスの脆弱性

企業経営において公正な判断・運営がなされるよう企業自身で監視・統制するしくみであるコーポレートガバナンス（企業統治）がうまく効かないケースが多くなります。社員の評価基準が曖昧で依怙贔屓《えこひいき》人事になりやすく、身内を出世させ、経営者自らも引き際をわきまえられない場合もあります。また、経費のプライベート使用など不正会計も日常化しがちです。

②同族間の争い

同族会社は相続を繰り返すことで、株式が分散しやすい傾向にあります。株式が分散する中で、経営にかかわる株主と経営にかかわっていない株主とのあいだで、経営方針などをめぐる争いが起こる場合が考えられます。長い歴史や血縁関係が存在する環境では問題はより根深く、複雑になっていきます。

③**社員のモチベーション低下**

経営者の身内でない社員は、能力にかかわらず企業経営の後継者になりにくいため、会社を大きくしていこうというモチベーションが低くなります。「どの社員を、いつ、どのように育成するか」という組織的な社員教育制度も未整備で、社員のキャリアパスも当然考慮されておらず、目標を失う社員が多くなります。

ガバナンスの低下が企業の成長を妨げる

上場企業においては、コーポレートガバナンスの観点から、少数株主の利益保護に関する検討が行われています(*)。

しかし、残念ながら非上場の同族会社では、経営支配株主

図表1-3／同族会社のメリット・デメリット

メリット		デメリット
迅速な意思決定が可能	⇔	コーポレートガバナンスの脆弱性
経営の安定性		同族間の争い
経営理念の浸透		社員のモチベーションの低下

が少数株主の利益を意識しないまま経営を行っているケースも少なからず存在します。

デメリットにも挙げましたが、たとえば、企業の利益が主に役員報酬や退職慰労金、会社経費の私的流用などに使われ、少数株主へ利益還元が行われないケースなどがあります。また、経営者と特別な関係であるということだけで、能力に見合わないポストを与えたり、対立している優秀な人間を異動させたりと、不当な人事が発生しやすくなります。

こうしたガバナンスの低下は、企業の成長を妨げるものであり、結果的に株主を含むステークホルダー全員の利益を損ねることになります。

＊2020年7月、東京証券取引所は支配株主と上場企業の少数株主とのあいだの利害調整の在り方や少数株主保護の枠組みなどについて議論を行うことを目的とした「従属上場会社における少数株主保護の在り方等に関する研究会」を設置しました。

2

少数株主が生まれる背景

「少数株主」とは

株式会社の株主になった投資家は、所有している議決権の割合に応じてその会社の経営に参加できる権利を有します。

株主総会において、取締役・監査役の選任、剰余金の処分など普通決議の議案を承認するには過半数の議決権が必要ですが、議決権のある株式の過半数を持ち、会社の経営（意思決定機関）に対し支配力を有する株主を「支配株主」といいます。

一方、単独では会社の経営権を握ることができない議決権割合しか持たない株主を「少数株主」といいます。

では、このような少数株主はどのように生まれるのでしょうか。

少数株主が生まれるパターン

そもそも、少数株主は、何が発端となって生まれるのでしょうか。少数株主が生まれるパターンには、主に次のようなものがあります。

①オーナー経営者だった親から相続を受けたパターン
②創業メンバーだったパターン
③創業時に出資したパターン
④従業員持株会に入っていたパターン

以下、1つずつみていきましょう。

①オーナー経営者だった親から相続を受けたパターン

まず、オーナー経営者だった親から株式を相続するパターンがあります。たとえば、会社の株式を100パーセント保有していた父親から、3人兄弟が相続を受けると、株式は3分の1ずつに分散します。兄弟全員が親の経営していた会社で働かない場合も、十分あり得ます。そうすると、中には株式を保有しているだけで、会社に関心がない株主が生まれることも考えられます。

②創業メンバーだったパターン

次に、会社の創業メンバーとして経営に参画し、株主となったパターンがあります。

たとえば、社長を含めて3人のメンバーで起業したのですが、会社の経営が長く続く中で、創業メンバー3人の当初の志も変化して、経営に対する温度感に差が生じてしまうことがあります。そして後々袂《たもと》を分かつことになりますが、その後も一定の株式を保有し続ける、というパターンです。

また、会社への貢献度の高い特定の社員に「頑張ってくれているから」という功労や士気向上の意味で会社の株式を渡すパターンもあります。

③創業時に出資したパターン

②と異なり、創業者を応援する意味合いで出資したが、経営には参画していないパターンがあります。

会社は出資を受けるとき、出資者に対して株式を発行し株主になってもらいます。受け取った出資金は会社のものになるため、会社は株主に出資金を返還する必要はありません。株主は会社にお金を貸したのでなく、株式を購入するという形で資金を提供しているのです。

そのため株主は、会社が利益を出したときは配当を受け取ることができますが、会社が倒産してしまうと出資金は戻ってきません。また、出資金の返還を請求したとしても、会社は返還請求に応じる必要はありません。株式を売却することで現金化できますが、非上場株式の場合、簡単に売却できるとは限りません。

④従業員持株会に入っていたパターン

従業員持株会を設けている（または設けていた）会社で、その従業員が株式を持ったまま会社を退職して株主であり続けるパターンがあります。

従業員持株会とは、従業員が会社の株式を購入して保有する制度です。従業員持株会を設ける目的は、従業員への福利厚生、従業員のやる気向上、従業員に安定した株主になってもらうことなどがあります。

業績がよければ、従業員に配当を払うことができます。それが従業員の財産形成の支援となり、福利厚生制度の充実につながります。配当が出ると当然従業員のモチベーションは上がって、経営への参画意識が出てきます。会社は一般株主よりも自社の経営方針に賛同してくれる好意的な安定株主をつくることもできます。

従業員持株会の株式については、一般的には退職時に持株会が買い戻すケースが多いですが、ごく稀に、過去のさまざまな事情により、従業員が株式を持ったまま会社を退職して株主であり続けるケースもあります。

「相続」によって増えていく少数株主

こうして生まれた少数株主が増えていく大きな原因の一つに「相続」があります。

たとえば、10パーセントの株式を保有している株主が亡くなり、２人の子供が相続したとすると、株式は5パーセントずつに分けられます。その後、相続が発生するたび、どんどん小さな単位に株式が分散していきます。経営者からすると、知らぬ間に一度も会ったことのない遠い親戚が自社の株式を保有しているということもよくある話です。

会社の歴史が長くなるほど、相続が繰り返され株式が分散し、多数の少数株主を抱えやすくなります。

「株主の高齢化」という問題

株式の相続は、年々増加する傾向にあります。

国税庁の調査によると、相続された財産

図表1-4／相続による株式の分散

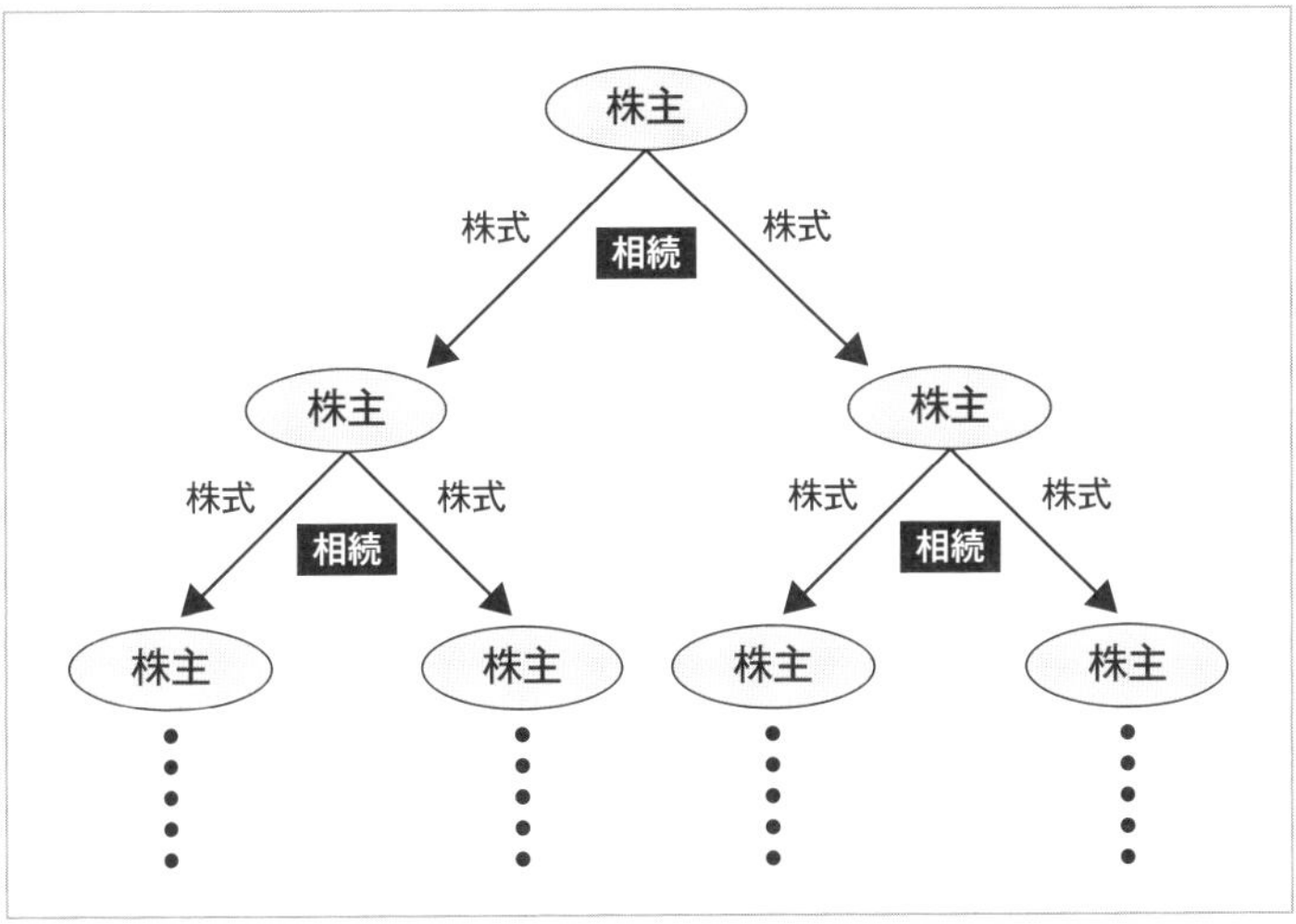

図表1-5／相続財産の金額の推移

（単位：億円）

	土地	家屋	有価証券	現金・預貯金等	その他	合計
平成21年（2009）	54,938	6,059	**13,307**	24,682	116,606	110,593
平成22年（2010）	55,332	6,591	13,889	26,670	12,071	114,555
平成23年（2011）	53,781	6,716	15,209	28,531	12,806	117,043
平成24年（2012）	53,699	6,232	14,351	29,988	12,978	117,248
平成25年（2013）	52,073	6,494	20,676	32,548	13,536	125,326
平成26年（2014）	51,469	6,732	18,966	33,054	13,865	124,086
平成27年（2015）	59,400	8,343	23,368	47,996	17,256	156,362
平成28年（2016）	60,359	8,716	22,817	49,426	17,345	158,663
平成29年（2017）	60,960	9,040	25,404	52,836	18,688	166,928
平成30年（2018）	60,818	9,147	27,733	55,890	19,591	173,179
令和元年（2019）	57,610	8,793	**25,460**	56,434	19,228	167,524

約2倍に増加

（注）上記の計数は、相続税額のある申告書（修正申告書を除く。）データに基づき作成している。
（出典：国税庁　令和元年分 相続税の申告事績の概要）

のうち「有価証券」は、２０１９（令和元年）年で２兆５，４６０億円。10年前の２００９年（平成21）年と比べると約2倍に増加しています（図表１－５）。

なぜ増加しているのでしょうか。そこには、経営者をはじめとする「株主の高齢化」という問題があります。

図表１－６のグラフは「中小企業白書（２０１８年版）」から引用した、中小企業の経営者年齢の分布です。１９９５年の経営者年齢のピークが47歳であったのに対して、20年後の２０１５年の経営者年齢のピークは66歳となっています。

５年毎に、経営者の年齢を示す折れ線グラフの山が着実に高齢化の方向に移動しており、平均年齢が20年間でちょうど20年分持ち上がっている

図表1-6／年代別にみた中小企業の経営者年齢の分布

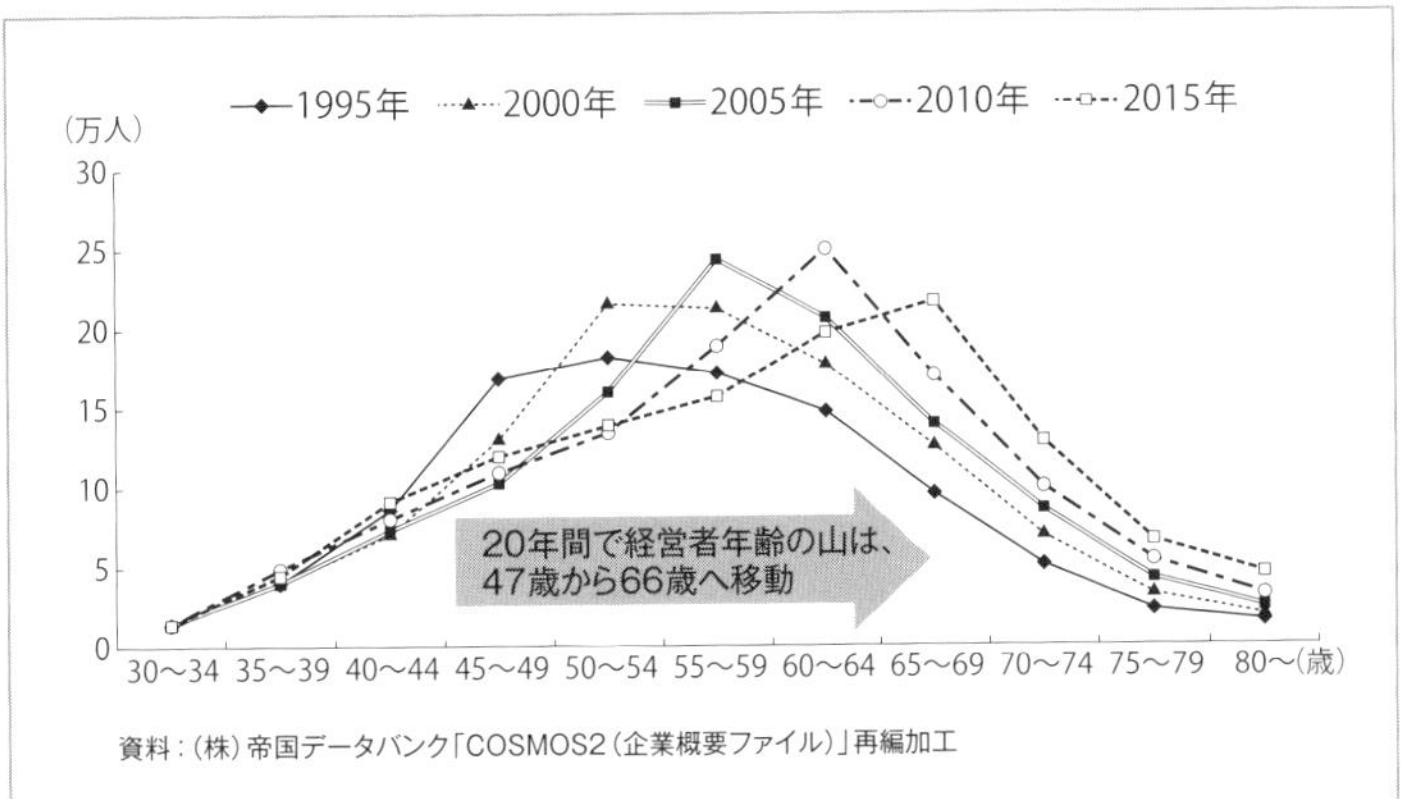

資料：(株)帝国データバンク「COSMOS2（企業概要ファイル）」再編加工

（出典：2018年版「中小企業白書」）

ことがわかります。このように、全国の中小企業では経営者の高齢化が進んでいる傾向がみてとれます。

そして、経営者以外の株主も同様に高齢化していると推測されます。経営者とともに創業した当時のメンバー、従業員、親族などがさまざまなきっかけで非上場企業の株主になりますが、それらの株主も同様に高齢化していきます。「はじめに」に登場したAさんもその一人です。

とりわけ「団塊の世代」と言われる第1次ベビーブーム世代（1947〜1949年生まれ）が後期高齢者に差しかかっているので、この傾向はしばらく続くと考えられます。

非上場なのに株主が600人以上？

ここで、具体的なイメージを持っていただくために、「従業員持株会に入っていた」パターンから、実際に存在する例をご紹介します。ある地方都市で150年以上続く、地元ではよく知られた企業の事例です。仮にB社としましょう。

B社は売上が500億円ほどある、地方の典型的な非上場企業です。

驚くべきは、そのB社、株主が実に600人以上もいるのです。そして、創業家の現社長の持株比率はわずか2・5パーセント。役員であるその息子も1パーセント強しか保有していません。

どうしてここまで株式が分散してしまったのでしょうか？　原因は、その会社の「従業員持株会」にあります。

このB社が従業員持株会を設けた経緯は不明ですが、現在も持株会を運用しているとのことです。従業員持株会に加入した従業員は、毎月の給料から少しずつ天引きして会社の株式を買っているそうです。

現在は社員が退職する際に、その社員が保有する株式を従業員持株会が買い戻すようにしていますが、その昔、退職時に株式を買い戻さなかった時代があったようです。

経営が苦しい時代があり、給料が払えず、代わりに社員に株式を持ったまま退職してもらったなど、いろいろ事情があったようです。しかし、それが原因で、その後に相続を繰り返すことでねずみ算式に株主が増え、600人以上になってしまったというのが事の真相です。

相続でねずみ算式に増えていく

500億円も売上のある企業なのに、経営者が数パーセントしか株式を持っていない。経営者自身が「少数株主」なのです。そして、600人以上も株主がいる。B社の経営のあり方を考えたときに、はたしてそれが正しい姿なのか？ という疑問がわいてきます。

そのことをB社の役員に聞いてみると、それでも経営上は大きな問題はないそうです。同社は業績も良く、配当も出しているので、今のところ経営に異を唱えるような株主はいないようです。同社の経営に参画したいという株主もいないため、B社の経営権をめぐって経営者と株主のあいだで争いが起こることは現状想定していないそうです。もちろん会社としては、分散してしまった株式を集約しようと努力はしているようですが、相当大変なことは想像するまでもありません。

このB社のケースはかなり極端な例でしたが、わかりやすい事例としてご紹介しました。

3 少数株主の権利

少数株主に与えられた権利とは

単独では会社の経営権を握ることができない少数株主には、どんな権利が与えられているのでしょうか。

ここでは、株主の権利の概要と、少数株主でも行使できる権利について整理しておきます。

株主の権利には2つの種類がある

株主の権利には、大きく分けて自益権と共益権という2つの種類があります。

自益権とは、権利の行使が本人の利益だけに関係するもので、1株でも持っていれば行使できる単独株主権です。一方、共益権とは、権利の行使が株主全体の利益に関係するもので、1株でも持っていれば行使できる単独株主権と、一定数以上の株式を持っている株主でなければ行使できない少数株主権があります。

経営への参画を目的とした権利

共益権は企業経営への参画を目的とした経営権で、単独株主権としては主に、株主総会における議決権、株主代表訴訟提起権、株主総会決議取消訴訟提起権、取締役違法行為差止請求権、募集株式発行差止請求権などがあります。また、株主総会議事録や取締役会議事録、株主名簿、計算書類などの閲覧謄写請求権によって、企業の内部情報を収集することができます。

一定数以上の株式保有が必要な少数株主権には、株主総会の議決を提案できる株主提案権や、取締役・監査役解任請求権、会計帳簿等閲覧謄写請求権、解散請求権など、経営に大きな影響がある権利があります（図表1-7）。

図表 1-7 ／株式会社における株主の権利の概要

◉株式の「共益権」と「自益権」

共益権	権利の行使が株主全体の利益に関係するもの。 単独株主権と少数株主権がある。
自益権	権利の行使が本人の利益だけに関係するもの。 単独株主権のみ。

◉株式会社における株主の権利（共益権）の概要

株主権		具体的権利	条文	必要株式保有率
少数株主権	1	株主総会・種類株主総会の議案の提案権	会303、会325	1%以上
	2	株主総会・種類株主総会の招集請求	会297①④、会325	3%以上
	3	業務・財産の調査のための検査役の選任請求	会358	
	4	取締役の責任免除の拒否	会426⑦	
	5	会計帳簿等の閲覧等	会433	
	6	調査命令の申立	会522	
	7	取締役・監査役の解任の訴え	会854	
	8	解散の訴え	会833	10%以上
単独株主権	1	書類の閲覧・謄写	会31②、会125②、会252②、会442③	1株
	2	新株・新株予約権発行・自己株式処分の差止請求	会210、会247	
	3	議事録の閲覧・謄写	会318④、会371②、会394②、会413③	
	4	取締役等の違法行為の差止請求	会360①、会422①	
	5	会社解散命令の申立	会824	
	6	組織に関する行為の無効の訴え	会828	
	7	総会等の決議取消の訴え	会831	
	8	株主代表訴訟の提起	会847	

（参考資料：『ビジネス図解 非公開会社の自社株のしくみがわかる本』田儀雅芳（著）、同文舘出版／『同族会社のトラブル予防・解決ガイド』中野淑夫（著）、一般財団法人 事業継承支援財団（監修）、中央経済社）

なお、ここでいう少数株主権の「少数株主」とは、1単位以上の株式を持つ単独株主と区別して、一定以上の株式を持っている株主を指し、この本のテーマである「少数株主」（「支配株主」に対する「少数派」株主）とは異なります。少数株主権は株主平等原則の例外で、株式を一定以上保有する株主に認められる特別な権利のことです。

発行会社の情報を収集するための9つの請求権

ここで注目しておきたいのは、株主の権利のうち、図表1‐7の網掛け部分の権利です。「少数株主」（＝少数派株主）は、この権利を行使して発行会社の情報を集めることができます。

詳しくは第3章で説明しますので、ここでは株主の権利のうち、9つの閲覧謄写請求権を挙げておくのみとします。

・会計帳簿等閲覧謄写請求権（会社法第433条第1項）

・株主名簿閲覧謄写請求権（会社法第125条第2項）
・株主総会議事録閲覧謄写請求権（会社法第318条第4項）
・定款閲覧等請求権（会社法第31条第2項）
・新株予約権原簿閲覧謄写請求権（会社法第252条第2項）
・計算書類等の閲覧等請求権（会社法第442条第3項）
・取締役会議事録閲覧謄写請求権（会社法第371条第2項）
・監査役会議事録閲覧謄写請求権（会社法第394条第2項）
・指名委員会議事録閲覧謄写請求権（会社法第413条第3項）

2

第2章

なぜ非上場企業の少数株式は売れないのか

1

非上場企業の少数株式は「流動性が低い」

売りたいときに売れない

非上場企業の少数株式の特徴を一言でいうと、「売りたいときに売れない」です。このことを、実務的には「流動性（liquidity）が低い」といいます。

なぜ、非上場企業の少数株式は流動性が低いのでしょうか。その主な原因は、「非上場株式」によるものと、「少数株式」によるものがあり、次のように整理されます。

【「非上場株式」による原因】

①流通市場が存在しないため、買い手が見つからない、価格が形成されない

②「譲渡制限」が付されているため、買い手が真剣に検討しづらい

【「少数株式」による原因】

③経営に参画できる余地が少ないため、買い手が保有メリットを感じにくい

以下、順に説明します。

流通市場が存在しない

非上場株式には流通市場が存在せず、発行会社に関する情報も開示されていません。そのため、発行会社の詳しい企業情報もわからないうえ、そもそも株式を売りたいと考えている株主がいても、誰もそのことを知りません。また、通常の市場なら需要と供給のバランスによって取引価格（株

図表2-1／非上場企業の少数株式が「流動性が低い」原因

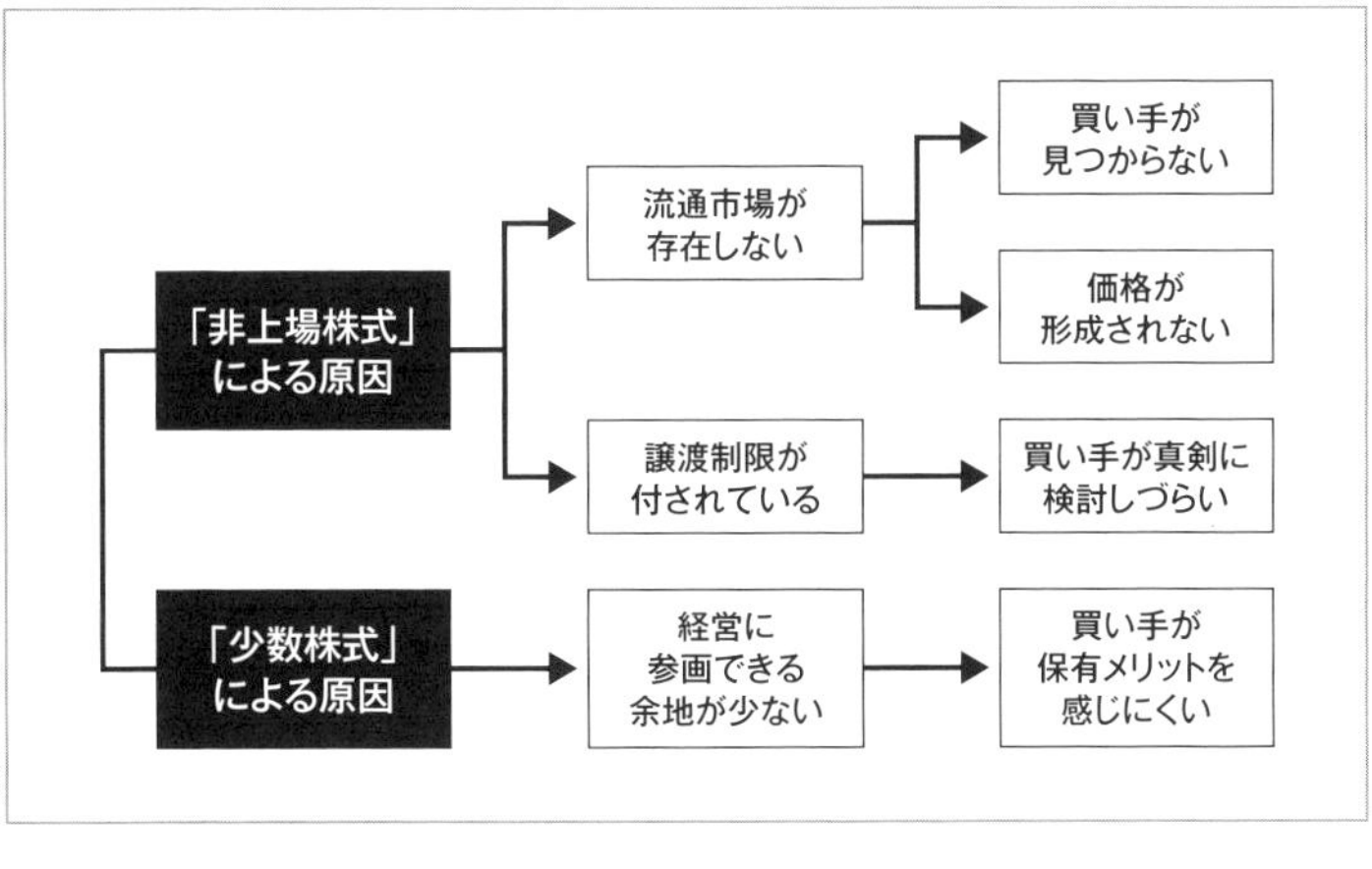

「非上場株式」による原因
流通市場が存在しない
買い手が見つからない
価格が形成されない
譲渡制限が付されている
買い手が真剣に検討しづらい
「少数株式」による原因
経営に参画できる余地が少ない
買い手が保有メリットを感じにくい

価）が自動的に形成されますが、非上場株式では、市場がなく圧倒的に取引数が少ないため、これも不可能です。

つまり売り手は、みずから①（買い手のために）発行会社の情報を集める、②買い手を探す、③株価を決める、④売買交渉を行う、必要があります。この4つのステップについては第3章で説明します。

株式の流動化に影響を与える「譲渡制限」

非上場株式の流動性が低い2つ目の原因として、株式に「譲渡制限」が付されていることが挙げられます。

第1章でも説明しましたが、非上場企業の大半を占める同族会社は、外部の個人や法人が経営に関与することを嫌がる傾向が強くあります。そのため、通常、非上場企業は株主が保有する株式を第三者に自由に譲渡することに対して制限をかけています。

具体的には、株式の譲渡に際して会社の承認を要する旨を定款に記載することで、会社の意に反して第三者に株式が譲渡されることを禁じています。このように、株式を譲渡するにあたって制限が設けられている株式を「譲渡制限株式」といいます。

譲渡制限株式を譲渡する場合、まず株式を譲渡したい株主が、発行会社に対して「譲渡承認請求」を行う必要があります。この譲渡承認請求から始まる非上場株式の譲渡手続きは次のようなフローになっています（図表2－2）。

①譲渡承認請求

具体的な買い手を明示した上で、発行会社に対して「譲渡承認請求」を行います。具体的な買い手がいないと、譲渡承認請求は行えません。

②承認／不承認の決定

譲渡承認請求を受けた発行会社は、請求を受けてから2週間以内に、承認するか否かを決定し、請求者である株主に通知します。承認された場合は、売買を行うことができます。不承認の場合は、③に進みます。なお、2週間を過ぎて通知がない場合は、株式の譲渡が承認されたとみなされます（みなし承認）。

③譲渡制限株式の株式買取請求

「不承認」の決定通知を受けた請求者である株主は、発行会社に対して「譲渡制限株式の株式買取請求」を行うことができます。請求を受けた発行会社には株式を「発行会社が買い取る」か「会社が指定した買取人(指定買取人)が買い取る」かのいずれかを選択する義務が発生します。一般的には、①と同時に、不承認の場合は譲渡制限株式の株式買取請求を行う旨、伝えます。

④買取通知

発行会社は、みずからが株式を買い取る場合は、譲渡しないことを通知した日から40日以内に、指定買取人が買い取る場合は、同じく10日以内に請求者に買取通知を行います。

⑤裁判所の裁定

請求者と買取人のあいだで売買価格が折り合わない場合、最終的に裁判所が裁定に入り、売買価格が決定されます(商事非訟手続き)。

図表2-2／譲渡承認請求手続きの流れ

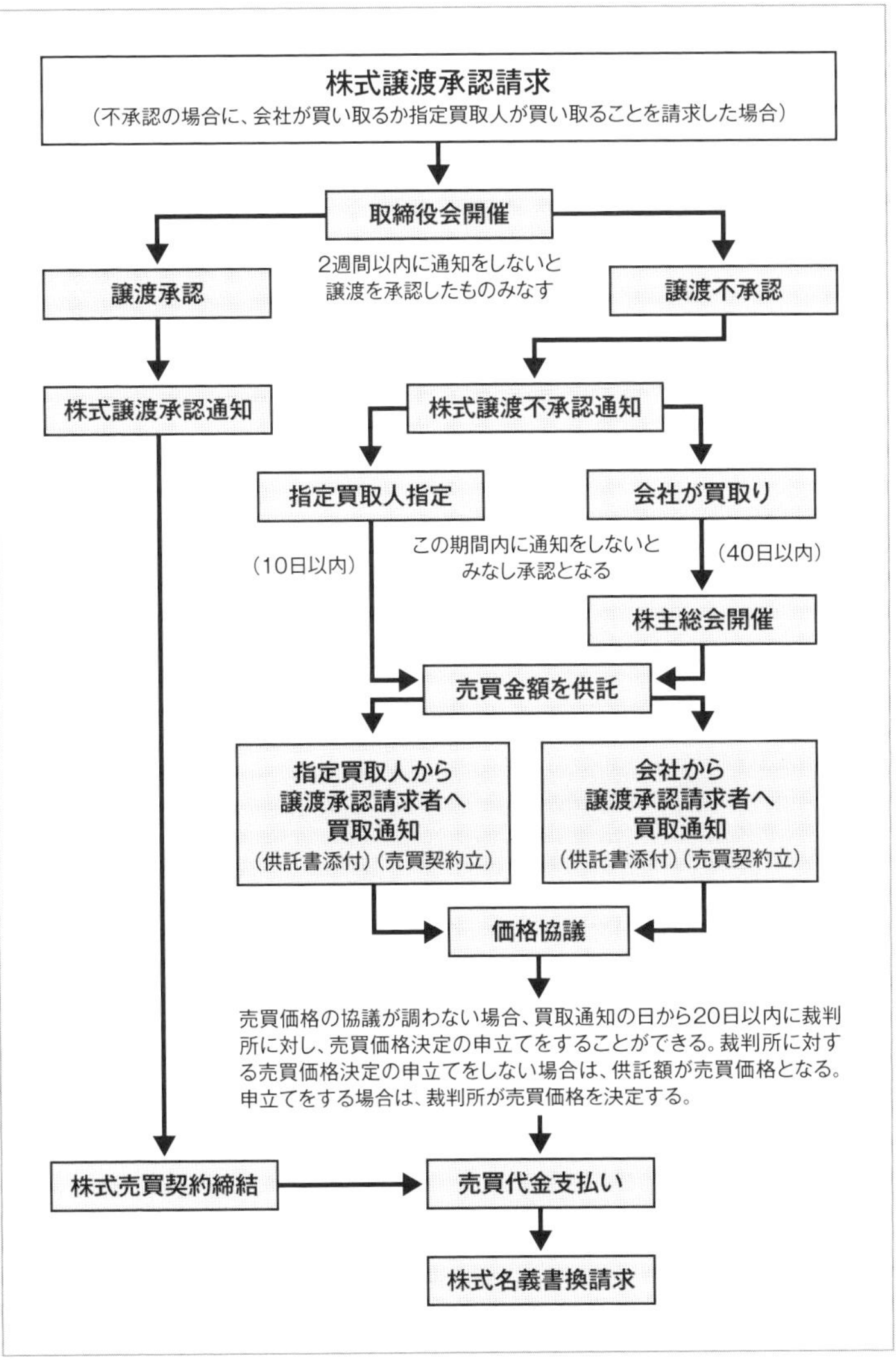

（出典：『同族会社のトラブル予防・解決ガイド』中野淑夫（著）、一般財団法人 事業継承支援財団（監修）、中央経済社）

このように、非上場企業の株主が第三者に株式（多くの場合、譲渡制限株式）を譲渡しようとする場合、この譲渡承認手続きにもとづいて、売買にあたって発行会社の承認が必要になります。

この譲渡制限が付されているために、仮に株式の取得に興味を示す買い手候補が見つかったとしても「そもそも同族会社なんだから、外部の自分への譲渡を承認してもらえる可能性は低い」「譲渡を承認してもらえないのなら、購入に向けた検討時間が無駄になる」と判断されてしまい、真剣に検討すらしてくれないことが少なくありません。

経営への参画余地が少ない

次に「少数株式」であることによる原因にフォーカスしてみましょう。

発行会社や持株比率などにもよりますが、非上場企業の少数株式は一般的に、買い手にとって「保有メリットを感じにくい」ことが多々あります。

その理由は「経営への参画余地が少ない」ことにあります。

少数株主は、企業に対して取締役や監査役などの法的責任を追及する株主代表訴訟を提起したり、総株主の議決権の3パーセント以上を保有していれば、株主総会の招集や取締役や監査役の解任請求権などを行使することもできます。ほかにも、株主総会への参加、各種帳簿の閲覧、株主総会での議案提出、取締役等の違法行為の差し止め請求など、意外と多くの権利が認められています。

ただ、経営への影響力は議決権をどれだけ持っているか（議決権割合）で決まるため、仮に権利を行使したとしても、少数株主の経営への影響は限定的にならざるを得ません。つまり、少数株主は経営に参画する余地が非常に少ないと言えます。

塩漬けになったうえに相続税がかかるリスクも

以上、非上場企業の少数株式が、流動性が低くなる原因をみてきました。

買い手もなかなか見つからず、一度保有すると二度と売却ができず塩漬けになってしまう可能性が高い。配当がないケースも多く、ただ保有しているだけでなんのメリットもない。さらに、相続が発生すると、多額の相続税がかかるリスクまでもある。買い手が少ないことも納得です。

まさに「売りたいときに売れない」のが非上場企業の少数株式なのです。

2

非上場企業の不透明・硬直的な経営が株式の流動化を妨げる

非上場企業は外部からの監視が働きにくい

コーポレートガバナンス（Corporate Governance）とは、企業経営において公正な判断・運営がなされるよう企業自身で監視・統制するしくみで、「企業統治」と訳されます。「会社は経営者のものではなく、株主のもの」という考え方のもと、会社は企業価値の向上に努め、株主に対して最大限の利益の還元を目指すべきという考え方が根本にあります。

コーポレートガバナンスは法令で定められているものではありませんが、金融庁と東京証券取引所がコーポレートガバナンスのガイドラインとなる「コーポレートガバナンス・コード」を公表しています。株主の権利の保護や企業経営の透明性の確保、取締役会の在り方などについて原則を記したガイドラインです。上場企業はこの「コーポレートガバナンス・コード」に沿って、自社のコーポレートガバナンス体制を構築し、コーポレートガバナンスの取り組みを報告する「コーポレート・ガバナンスに関する報告書」を東京証券取引所に報告する必要があります。

一方、非上場企業においては、コーポレートガバナンスの取り組みに関して報告する義務などはありません。また、会社の所有者である株主と経営者が同一であるオーナー企業の割合が高く、株主からの監視が働きにくい構造となっているケースが多くあります。

コーポレートガバナンスが弱い企業は株主を軽視しがち

外部からの監視が働きにくいオーナー企業は、経営者への牽制があまり効かず、経営者一人で意思決定することが多くなります。また、経営者のビジョンはおろか、決算情報すら従業員と共有できていないこともあります。

企業が健全な事業活動を続けるために従業員が順守すべきルールや、適正な業務を継続するための内部統制、法令違反や不正行為の内部通報のしくみを整備している企業も少ないので、社内の不正行為などが早い段階で見つけにくく、発覚したころには大きな不祥事になっているということもあります。

さらに、利益が出て配当原資があるにもかかわらず、配当を出さず、経営者が公私混同して会社の費用で贅沢な生活を送ったり、家族を役員にして多額の役員報酬を支払ったりするケースもみられます。このような利益の私的流用によって株主へ利益還元を行わない、または企業の成長資金に回さないようでは、株主に配慮した経営とはとても言えません。

ますますマイナスのスパイラルへ

このようにコーポレートガバナンスが弱い企業は、経営が不透明で硬直的になりやすく、その結果、株主が軽視されてしまうケースが多いと言えます。すると、

図表2-3／非上場企業の不透明・硬直的な経営が株式の流動化を妨げる

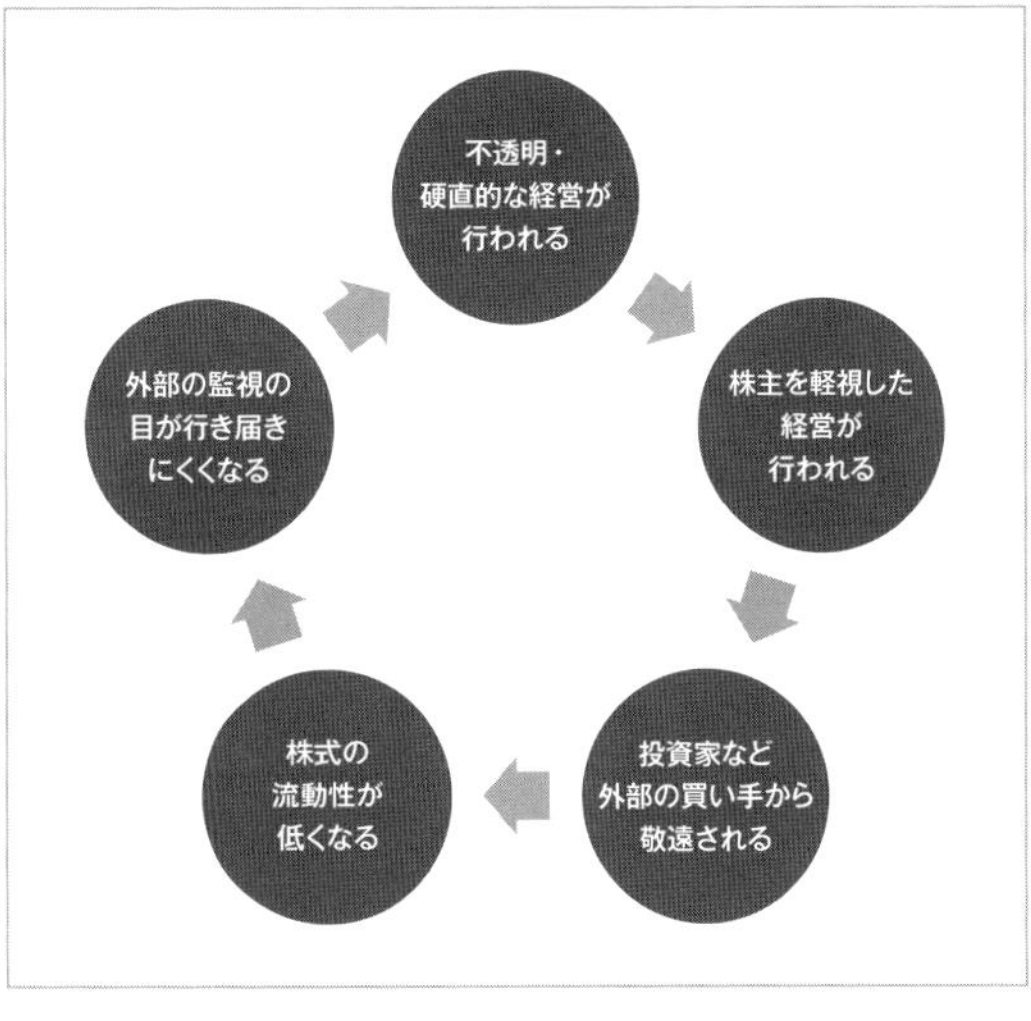

当然、投資家など外部の買い手からは敬遠され、株式の流動性は低くなります。

そうなればますます外部からの監視の目が届かなくなり、経営はさらに不透明で硬直的になる。株式の流動性が低いことが、さらに流動性を低くしていくというマイナスのスパイラル（図表2－3）に陥って、非上場企業の株式の流通は一層妨げられていくのです。

3 さまざまな困難に直面する少数株主

発行会社は簡単に買戻しに応じてくれない

では、非上場企業の少数株式を実際に売却しようとすると、株主はどんな困難に直面するのでしょうか。具体的に順を追ってみていきましょう。

社長をはじめとする経営陣を株主がよく知っているケースもあれば、相続を繰り返しているので現在の経営陣をよく知らないケースもあります。ここでは現在の経営陣をよく知らないケースで考えてみましょう。

少数株主であるあなたが、株式を買い取ってほしい相手としてまず思い浮かぶのが、その株式の発行会社でしょう。

発行会社に買取りの相談のため電話してみます。まずは総務部や経理部が対応するでしょう。

「ご主旨は承知しました。社長に報告の上、ご連絡させていただきます」

電話の相手の対応も丁寧で、これで一安心と思いましたが、待てど暮らせど連絡がありません。

その後、何度か電話しても、「まだ検討中です」と言われるばかり。

これでは埒《らち》が開かないと、なんとかアポイントを取り、後日会社を訪ねて、買戻しを相談してみます。

会社側の反応はいいものでないことが多いでしょう。はっきり断られることもありますが、のらりくらりとかわされることもよくある話です。気前よく株式を買い戻してくれる企業のほうが少ないのではないでしょうか。

発行会社には株式を買い戻す積極的な動機がない

なぜでしょうか。それは、発行会社の立場に立って考えてみるとわかります。

まず、株式を買い戻すには、比率や株価にもよりますが、それなりの現金を用意する必要があります。中には買取金額が数百万円、数千万円にも上るケースもあります。そういった場合、金融機関から融資を受けて、数年かけて返済するというのが一般的です。

そこまで大金を投じて株式を買い戻すだけのメリットがあればよいのですが、別に買い戻さなくてもこれまで平穏に経営を続けてこられたわけですから、相手の株式を買い戻さなければならないという積極的な動機はありません。

少数株主の権利はきわめて限定されているので、買戻しに応じなくても経営上問題はありません。

もちろん、発行会社側としても、株式を買い戻して集約していくことは、株主政策上有効です。ただ、そのメリット以上に、株式を買い戻すことによる財務体質の悪化を避けることを優先して、「あの株主の買戻しの要請には応じないでおこう」という判断となるのです。

発行会社以外の買い手を探すしかない

このように、大半のケースでは発行会社が買戻しにまともに取り合ってくれないのが実情です。

仮に応じてくれ、交渉のテーブルに着けたとしても、いくらで買取りに応じるかは発行会社側に決定権がある以上、「足もとを見られる」交渉になりがちです。

発行会社側の算定基準は「今の経営状況の中で買い戻せる金額」です。仮に価格が折り合わない場合、あなたは発行会社以外の買い手を探すしかありません。しかし、これまでみてきたとおり、買い手を見つけることが非常に難しいことはご理解いただけているかと思います。


本章では、非上場企業の少数株式が売りにくい理由を説明してきました。こうしてみると、売却の糸口がまったくつかめないように思われます。

しかし、本書は「非上場企業の少数株式を売却する方法」をご紹介することが目的です。非上場企業の少数株式の特徴を踏まえた上で、次章では売却に向けた具体的なステップをご紹介します。

3

第3章

非上場企業の少数株式はこうして売却する

1

売却に向けた4つのステップ

少数株式を売却する方法はある

第2章では、非上場企業の少数株式が流動化しにくい原因についてお話ししました。そして、流動性が低いことに加え、少数株主が不利な立場に置かれやすい構造的な問題があるがゆえに、売買が成立しにくい事情についてもみてきました。

これだけみると、「いよいよ少数株式は売れないのか……」と心配されるかと思います。しかし、売却に向けたステップをしっかりと踏んでいけば、多くのケースにおいて買い手は見つかります。

本章では、非上場企業の少数株式を売却する方法について説明します。

売却に向けた４つのステップ

第２章で、非上場企業の少数株式が売れない（流動性が低い）原因を次のように説明しました。

【「非上場株式」による原因】

①流通市場が存在しないため、買い手が見つからない、価格が形成されない

②「譲渡制限」が付されているため、買い手が真剣に検討しづらい

【「少数株式」による原因】

③経営に参画できる余地が少ないため、買い手が保有メリットを感じにくい

非上場企業の少数株式を売却するためには、これらの原因を１つずつクリアしていく必要があります。そのためには次の４つのステップを踏むことが重要です。

【ステップ①】発行会社のことを知る
【ステップ②】買い手を探す
【ステップ③】株価を決める
【ステップ④】売買交渉をする

以下、ステップごとに具体的に確認していきましょう。

2 【ステップ①】発行会社のことを知る

発行会社の情報を集める

非上場株式の売却のプロセスは、発行会社についての「企業情報を集める」ところから始まります。

企業情報といっても特別なことではなく、「どんな事業をしているのか」「利益は出ているのか」「財務状況やキャッシュフローに問題はないか」など経営や業績に関する情報、また、主要取引先や株主構成などの情報で初期的には充分です。

上場企業では、株主や投資家に向けて、経営や財務状況など投資判断に必要な情報を提供するＩＲ（Investor Relations）活動を行います。ＩＲ活動により提供される企業情報には、3か月に1回の決算発表の際に開示される「決算短信」「有価証券報告書」などの決算情報や、業績予想があります。また、他社との資本・業務提携や合併・企業買収など、投資判断に重大な影響を及ぼすような情報があり、これらの情報は法律で公表を義務づけられています。

さらに、決算の内容を説明する決算説明会資料や、中長期の企業の展望について書かれた中期経営計画資料、新商品・新製品の発表や自社の工場や施設の見学会など、法律では定められてなくても企業が自主的に情報提供を行なうこともIR活動には含まれています。

上場企業がなぜこのような活動をするのかというと、自社のことを株主や投資家に知ってもらい、魅力を感じてもらって株を買ってもらいたいという狙いがあるからです。

では、IR活動を行う必要のない非上場企業の情報はどのようにすれば手に入れることができるでしょうか。

株主には必ず招集通知が届く

株主の意思を反映する株主総会は、企業の最高意思決定機関と位置づけられます。1年に1回開くものを定時株主総会といい、その内容は大きく分けて、1年間の事業がどうだったかを株主に伝える「報告」と、株主に経営の重要な事項を決めてもらう「決議」の2つからなります。

あなたが株主であるなら、上場企業であっても非上場企業であっても必ず株主総会の「招集通知」が送られてきます。上場企業なら株主総会開催日の2週間前まで、非上場企業なら1週間前までに送られてくるはずです。この書類は「通知」とありますが、単なる開催の通知ではありません。

招集通知には、株主総会の日時・場所、決議しようとする議案のほか、業績や株主構成、対処すべき課題など、経営に関する情報をまとめた事業報告の資料が含まれています。事前に株主総会の内容を通知することにより、各株主が株主総会に向けて充分な準備・検討を行うことを可能にするという目的があるからです。

招集通知には企業の情報が詰まっている

招集通知には、企業の事業の現況、設備投資の状況、対処すべき課題、財務状況、関連会社の状況、従業員の状況、借入先と借入額（及び借入先が所有する持株）、株主構成（大株主名）、会社役員名と取締役の報酬などが記載されています。

招集通知を読み込むことによって、たとえば発行会社の「資金繰り」を推測することができます。

たとえばホテル業など有形固定資産の大きい企業の招集通知の「貸借対照表に関する注記」部分には、有形固定資産の減価償却累計額が記載されています。銀行から借入を行ってホテルを建設しており、その取得原価を耐用年数に応じて減価償却として費用計上します。そのとき、減価償却は「現金支出を伴わない経費」となる一方で、借入金の返済は現金支出するものの、「費用計上のない支出」、つまり経費にはできない支出という相反する特徴を持ちます。したがって、減価償却の金額と借入金の返済の金額のバランスがとれていれば、キャッシュフロー的にバランスが取れますが、逆に減価償却の金額より借入金の返済金額のほうが大きくなってしまうと、資金繰りが苦しくなり黒字倒産する可能性があります。招集通知に記載されている業績と財務諸表を合わせてみるだけでも、資金繰りの概要を掴むことができるのです。

また、たとえば「取締役の報酬」をみると企業の姿勢がわかります。業績に応じて報酬額を増減している企業なら「株主の利益」をきちんと考えていると思われますが、業績が振るわないのに高額の報酬を支払い続ける企業はどうなのか。信用が置ける企業かどうかを判断する材料となるのです。

株主総会に出席する

このように、招集通知は企業の重要な情報を教えてくれますが、そもそも招集通知は株主総会への招待状です。株主として実際に株主総会に出席することは、なによりも発行会社の情報を集める貴重な機会となります。

株主総会では、たとえば株主が議決権の1パーセント以上を持っていれば株主提案を行うことができます。配当金の増額や取締役の解任、選任などの議題を提案して、ほかの議題と同様に多数決で決議されることもあるかもしれません。

ただ、ここでいう株主総会への出席のメリットは、株主の権利を行使することだけを指しているのではありません。株主総会は経営陣や役員、株主を一斉に集めて企業の重要事案を決議する一大イベントであり、その現場でしか得られない貴重な情報に触れることができるのが株主総会という場なのです。

株主総会ではまず、経営者の生の声を聞くことができます。普段、経営者と直接話す機会がなくても、株主総会では経営者への質疑応答の時間が設けられています。定時株主総会であれば、議案内容以外でも経営に関する質問ができる可能性があります。

そこでは、書面からはわかりにくい経営の状況について質問することができます。企業の業績は数字をみれば明らかですが、経営のトップから直接説明を受けると、その数字の見方も変わってくるかもしれません。長期的な展望など、直近の数字にはあらわれにくい事業プランに向けての経営陣の姿勢を問うことができるのも株主総会ならではです。

また、株主総会が本社や工場で開催される場合は、会社見学にもなります。企業によっては株主総会後に見学会や懇親会を開催することがあるので、企業活動の現場に接することができるとともに、より近い距離で経営者をみることができます。

さらに、株主総会に出席することでほかの株主とも知り合いになることができます。ほかの株主の企業との接し方もわかり、有益な情報を交換することもできます。

このように株主総会の現場は、貴重な情報収集の場でもあるのです。

帳簿閲覧で企業の情報を集める

ただ、招集通知や株主総会への出席ですべての情報を網羅的に得られるわけではありません。たとえば、株主名簿は、持株数の上位（10名（社）程度）のみしか記載されません。仮に株主総会後の懇親会などで、下位の株主と知り合う機会があったとしても、その株主がどのくらい株を保有していて、第何位の株主なのかまで、ヒアリングすることは難しいでしょう。

非上場株式の売却プロセスで、招集通知や株主総会で得た情報だけではどうしても足りない場合は、第1章で紹介した会計帳簿や株主名簿などを閲覧する権利を行使することもできます。

会計帳簿等閲覧謄写請求権とは

株式の売買において発行会社の財務状況は重要な情報です。企業の財産状況について詳細かつ正確な事実がわからなければ、適正な株価がわからないからです。

そこで、企業の財務状況を正確に把握するために利用できるのが「会計帳簿等閲覧謄写請求権」（会社法第433条第1項）です。総株主の議決権の100分の3以上の議決権を有する株主、または発行済株式の100分の3以上の株式を有する株主は「会計帳簿又はこれに関する資料」を閲覧する権利が認められています。ただし、単独の株主である必要はなく、複数株主の合計でも可能です。

会社法でいうところの「会計帳簿」は、通常、会計上の仕訳帳、総勘定元帳および補助簿を意味します。仕訳帳とは日々の取引を発生順に借方と貸方に仕訳して記帳したもので、総勘定元帳とは仕訳帳を転記して勘定科目ごとにすべての取引を記帳したものです。補助簿の中には現金出納帳、売上帳、仕入帳、売掛金元帳、買掛金元帳などさまざまな項目が含まれます。

「これに関する資料」は、会計帳簿作成にあたり直接の資料となった書類、その他会計帳簿を実質的に補充する書類で、一般的には伝票や領収書、売買契約書などが含まれると捉えられていますが、具体的には定義されているわけではありません。

なお、実際に権利を行使する際は、請求理由を明示する必要があります。株式の買取価格が問題になった場合に、その算定資料を取得する目的や、経理上の疑問点を解消するため、あるいは取締役の解任請求や違法行為に対する差し止めや損害賠償の請求などに用いる資料のためとして請求することも可能です。

株主名簿閲覧謄写請求権とは

株主が保有している株式を第三者に売却しようとする際、買い手から対象企業の情報を求められることがあります。その中で重要なものの1つが、対象企業の株主構成です。少数株主が株主構成をみることができる権利が「株主名簿閲覧謄写請求権」（会社法第125条第2項）です。

招集通知に上位株主は記載されていますが、下位の株主については記載がないケースもあります。既存株主は有力な買い手候補となり得るので、将来の投資回収の観点からも株主構成は買い手として事前に知っておきたい情報と言えるでしょう。

閲覧できる内容は、株主の氏名または名称、住所、持株数、株式の種類、取得日などです。株主名簿閲覧謄写請求権は、対象企業の株式を1株でも持っていれば行使することができます。実際に権利を行使する際は、会計帳簿の請求と同様、請求理由を明示する必要があります。そして、株主がその権利の確保・行使に関する調査以外の目的で請求した場合などを除き、企業側は原則として請求を拒むことはできません。

その他の閲覧謄写請求権

「株主総会議事録閲覧謄写請求権」（会社法第318条第4項）は、株主総会における会社の意思決定の決議についての議事の経過や結果の記録である株主総会議事録をみることができる権利です。

「定款閲覧等請求権」（会社法第31条第2項）は、会社の組織・活動に関する根本規則である定款をみることができる権利です。定款には、総則として会社の商号、事業内容、本社の所在地などが、また株式として株券の有無、株式の譲渡に関するルールなどが規定されています。そのほか、株主総会、取締役会、監査役会に関するルールなども規定されています。

「新株予約権原簿閲覧謄写請求権」（会社法第252条第2項）は、発行した新株の内容や新株予約権者（新株の交付を受ける権利を有する者）を管理するための帳簿をみることができる権利です。

「計算書類等の閲覧等請求権」（会社法第442条第3項）は、貸借対照表、損益計算書、株主資

本等変動計算書および個別注記表により構成される、いわゆる財務諸表をみることができる権利です。

「取締役会議事録閲覧謄写請求権」（会社法第371条第2項）、「監査役会議事録閲覧謄写請求権」（会社法第394条第2項）、「指名委員会議事録閲覧謄写請求権」（会社法第413条第3項）は、取締役会、監査役会、指名委員会（株主総会に提出する取締役の選任および解任に関する議案の内容を決定することを目的とした機関）それぞれの議事録をみることができる権利です。ただし、指名委員会の議事録には会社の機密情報が含まれているおそれがあるため、その権利の行使には裁判所の許可が条件となっています。

帳簿閲覧はファイティングポーズをとることになりかねない

以上、9つの帳簿閲覧の請求権とそこから入手できる企業情報について説明しました。

ただ、これらの権利を行使することは、発行会社に対してファイティングポーズをとることになりかねないので注意が必要です。自社のことを詳細に調べようとしている株主を、企業側は警戒します。

発行会社にとって敵対的な株主から株式を取得した買い手は、発行会社から敵対的だとみなされる傾向にあります。発行会社と敵対的な関係になると、将来の投資回収が難しくなる場合もあるため、敵対的な株主から積極的に株式を買い取ろうとする買い手はいません。そのため帳簿閲覧は、発行会社との良好な関係を維持した上で、本当に必要なときだけ行うほうがベターだと言えます。

発行会社とは敵対関係にならないことが重要

私が手がけた案件でも、たとえば案件成立のポイントが対象会社の現預金の正確性（財務諸表の現預金と実際の現預金に乖離がないか）だったため、帳簿の閲覧請求をしたことがあります。その際も、発行会社から敵対的とみなされないよう、請求理由を丁寧に説明することで、発行会社と良好な関係を維持しました。最終的に株式の売却というゴールにたどり着くためには、発行会社と敵対するような姿勢で臨まず、丁寧なコミュニケーションを心がけながら、それでも与えられた権利は淡々と行使するというスタンスが望ましいでしょう。

必要以上に発行会社を刺激せず発行会社の情報を得るという意味でも、株主全員に年1回送られてくる招集通知と株主総会は非常に貴重な情報源です。これらの機会をしっかり活かし、発行会社の状況を把握することが売却プロセスの最初のステップです。

3

【ステップ②】買い手を探す

少数株式を買ってくれるのはどんな人か？

非上場企業の少数株式売却に向けた次のステップは、その企業の「価値」を評価してくれる「買い手」を探すことです。

一般的に、株式の買い手が期待することは何でしょうか？

それは、その企業（株式）の現在の価値と将来の価値を比較して、将来の価値が高くなることであり、買い手がそう判断すれば、たとえそれが非上場企業の少数株式であっても興味を示してくれます。

非上場企業の中には、地域に根を下ろして堅実な経営をしている企業が少なくありません。中にはその市場や地域で独占的なポジションを確立している優良企業もあります。通常の流通市場には現れてこない非上場企業に対して「まずは話を聞いてみたい」という買い手は、私たちが思っている以上に多いのです。

では、どんな人や企業が買い手になり得るのか、詳しくみていきましょう。

主な買い手候補とは

非上場企業の少数株式の主な買い手候補としては、次の４つが挙げられます。

①発行会社
②事業会社
③ファンド
④個人投資家

まず、買い手候補として、「発行会社」があります。

ただ、これまでもみてきたように、発行会社がすんなりと買取りに応じてくれるケースは非常に稀です。買取りに応じなくても困ることがないのであれば、あえて現金の流出を伴う買取りを行う必要がないためです。

もちろん、いろいろな経緯があり、最終的に発行会社が買い取ってくれる場合もあります。具体的な買取り事例については、次章で紹介したいと思います。

事業シナジーを想定して「事業会社」が有力な買い手になることも

次に「事業会社」も買い手候補となり得ます。対象企業の事業とシナジー（相乗効果）がある企業が、資本・業務提携のようなイメージで株式の取得を検討する場合があります。

すでに取引関係にある企業が取得することもあれば、新たに取引を始めたい企業が取得する場合もあります。

「ファンド」も買い手候補になり得る

また、買い手候補としては「ファンド」も想定されます。

ファンドとは、さまざまな投資家から期間を定めて資金を預かり、それを株式や不動産などに投資し回収することで運用益をあげ、投資家に還元することを目的とした機関です。未公開株式を投資対象としたファンド（プライベート・エクイティファンド（PEファンド））として、バイアウトファンドやベンチャー・キャピタル（VC）などが有名ですが、発行済みの非上場企業の少数株式を買うプレイヤーとしては、セカンダリーファンドがいます。

セカンダリーファンドの役割

セカンダリーファンドは、既存株主に流動性を提供し、非上場企業の資本構成上の課題を解決する役割を担っています。

たとえば、経営を離れた創業者や退職した従業員などが保有する株式、関係が希薄化した取引先企業が保有する株式の買取り、または相続などで長年にわたって分散してしまった株式の集約など、既存株主の持ち株を流動化・集約することによって企業の株主構成を簡素化・安定化させ、戦略的な資本政策を推進します。

また、最近ではセカンダリーファンドのひとつであるグロースキャピタルも注目されています。グロースキャピタルは、既に基盤となる事業や顧客を持っている企業の既存株主から株式を取得する（株主の戦略的交替ニーズに応える）と同時に、必要に応じて新たに成長資金を投入し、経営陣が有していない新しい情報や人材、取引先などのネットワークを提供することにより、企業の株主政策と成長を支援します。そして、将来的には、会社の未来に貢献すると確信できる新しい株主にバトンタッチすることを想定しています。

成熟企業の経営権（過半数超）を握って経営に携わるバイアウトファンドと、創業期のベンチャー企業、スタートアップ企業に投資をするＶＣの中間に位置づけられます（図表３－１）。

図表 3-1 ／プライベート・エクイティファンドの分類

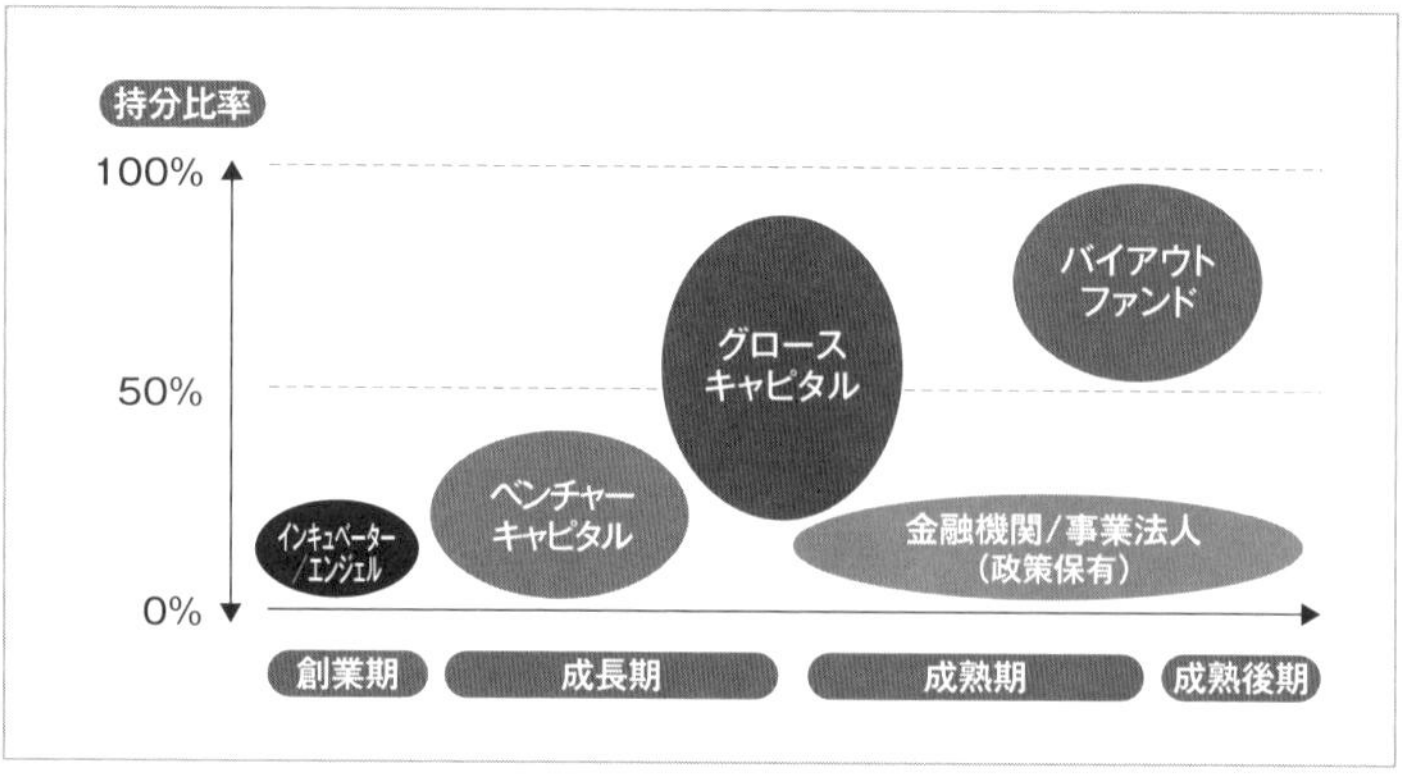

「個人投資家」も買い手候補に

最後に「個人投資家」も、買い手候補として挙げられます。

個人投資家も投資の基本的なスタンスはファンドと同じで、将来価値の向上を見込んでいます。それが法人なのか、個人なのかだけの違いです。

少数株式を買い取るファンドがあるといっても、たとえば数百万円単位の小規模な株式に対しては得られる利益以上に労力がかかるので、ファンドはなかなか手を出しません。そこで、そのような案件は、個人で株式を運用している投資家のほうが買い手として可能性があります。

個人投資家の中には、株主として積極的に企業の成長戦略を支援する個人投資家がいる一方で、取得したその株式をひたすら持ち続けるだけ、というパッシブな個人投資家もいます。パッシブな個人投資家は、発行会社に対して自ら具体的なアクションを起こすことはありません。10年、20年と長期で保有する中で、発行会社に何かしらの「変化」、たとえば、M&Aで企業を一括で売却する動きなどが起こることがあります。そういう「変化」が起きると、少数株主の持ち分も買い取られる可能性があります。パッシブな投資家はそういった機会を期待して、気長に株式を持ち続けます。

ここまでみてきたように、非上場企業の少数株式であっても、保有することにメリットを感じてくれる買い手は存在するということがご理解いただけましたでしょうか。

4

【ステップ③】株価を決める

非上場企業の株価はどのように決めるのか？

さて、招集通知や帳簿の閲覧を通して、発行会社の財務状況、経営状況、株主構成などの情報を得ることができました。次のステップは、「株価」を決めることです。

非上場企業の株価の決め方には、いくつかのアプローチがあります。その話をする前に、私が非上場株式の売却の依頼を受ける際に、よくあるケースをご紹介します。

「いくらで売れるか」を算定する際によくある誤解

それは、「持分純資産＝譲渡価格」と見込むケースです。

持分純資産とは、会社の貸借対照表（バランスシート）に計上される純資産（総資産から負債を差し引いた純然たる資産）を、株式の持分比率で割ったものです。たとえば、純資産が10億円で、持分比率が10パーセントなら、持分純資産は10億円×10パーセント＝1億円になります。この持分純資産は、その会社が解散するとなった場合の「解散価値」、つまり、解散したときに株主に分配される金額を表しています。

バランスシート上の純資産に単純に持分比率を掛けるだけで算出できるので、この持分純資産を「この金額で株式が売れる」と見込んでいる方は少なくありません。そして、発行会社に買取りを求めるのですが、相手の提示した買取価格と大きく隔たりが生じて、金額の折り合いがつかずに交渉が進みません。結果、交渉がこじれてしまい弊社に相談に来るというケースがよくあります。

非上場企業の株価は、単純に決められるものではありません。発行会社の財務状況、買い手の思惑、税務上の課税リスクなど、さまざまな角度から検討し、売り手と買い手との交渉を経て決定されます。ここでは、その株価を決定するプロセスについてみていきましょう。

非上場株式の株価は「取引」で決まるのが原則

そもそも、株式に限らず「ものの値段」はどのように決まるのでしょうか。

結論からいうと、ものの値段は売り手と買い手双方の「取引」によって決まります。ものの値段は、基本的には売り手が決めてかまわないのですが、当然ながら買い手が納得しないことには売買は成立しません。したがって、買い手がどれだけ買いたいか（需要）と、売り手がどれだけ売りたいか（供給）が交差する点で、価格というものは決められます（図表3－2）。

非上場株式の売買においても同様で、需要と供給のバランスによって価格が決まります。売り手が提示した価格に買い手が納得して、双方が合意すれば売買は成立します。つまり、売り手と買い手との「取引」によって売買価格が決まることになります。

株式の買い手はその企業の「将来性」に目を向けます。つまり、「取得した企業が、将来どの程度のキャッシュフローを生むか」という点から買取価格を決定します。過去から現在の状況をベースに検討した上で、仮に現在の事業価値がそれほど高くなくても、将来的に大きく成長すると判断すれば、高値で買い取ることもあるわけです。

たとえば、2006年にソフトバンクが携帯電話会社のボーダフォンを1兆7，500億円で買収しました。2005年9月末のボーダフォンの連結株主資本（連結純資産）は7，350億円。純資産の約2・4倍という買収額に対して、世間では価格の妥当性を疑う見方もありました。

しかし、その後の携帯電話市場におけるソフトバンクのシェア拡大や業績向上などをみれば、特に高くはなかったと言えるでしょう。

逆に、その企業の成長がそれほど期待できなければ、買い手は興味を示してくれません。

売買後の持株比率も価格に影響

取引相場のない非上場株式の株価を決定する際

図表3-2／市場価格の決まり方

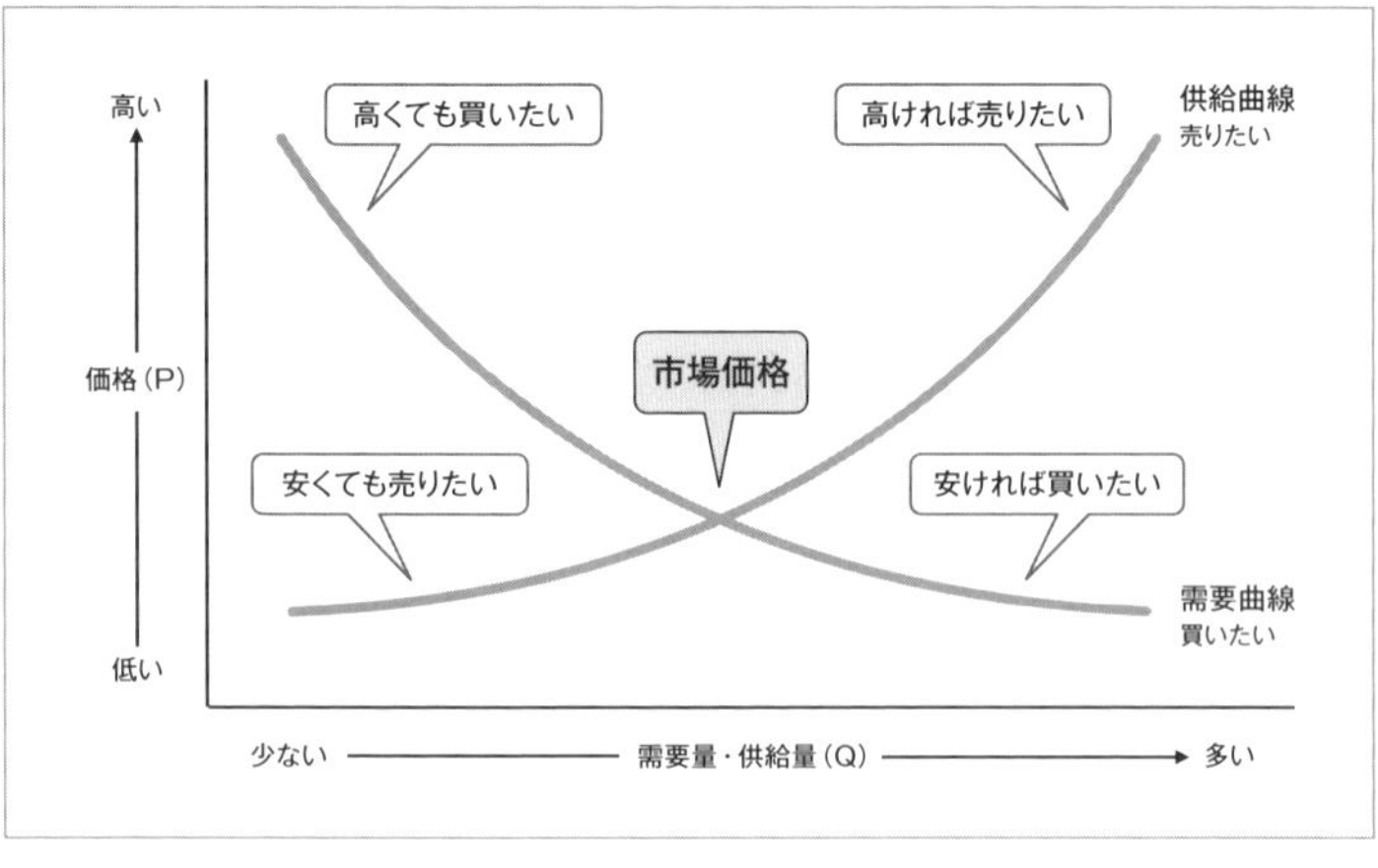

には、「買い手が株式を取得後、会社の経営に対してどれだけ影響力を持つことになるか」も、売買価格に影響を与えます。買い手の持株比率が、議決権の占める割合の過半数、あるいは3分の2に達すれば、企業支配に大きな影響を及ぼせるようになるため、売買価格は高くなります。

一方、株式買取り後も少数株主にとどまるような場合は、その分経営に関与できる余地は低くなるので、売買価格は低くなります。

現実には、このような企業の将来性や持株比率など、さまざまな要因を加味した交渉の中で売買額が決定されます。

非上場株式の売買は「税務上の観点」から注意が必要

非上場株式の株価は売り手と買い手との「取引」で決まる――だからといって、一般常識から極端に外れた価格で売買されることに問題はないのでしょうか。

たとえば、強固な財務基盤を持ち、無借金経営で、業績、財務内容は安定して推移している非上場企業があったとします。その企業のオーナーが、自身の保有している同社株式の

100パーセントを、息子との合意のもと、総額100円で譲渡しました。このようなことは許されるのでしょうか。

その答えは、「その価格で売買すること自体は問題ない」です。売り手と買い手双方が合意する点で売買額が決まるのが、そもそもの取引のルールだからです。

しかし、取引の観点とは別に、課税の公平性や納税者の平等に資する観点から、財産の移転により所得を得た者に対しては適正に課税することが求められます。したがって、たとえ売り手と買い手双方が合意した価格であっても、課税上妥当な価額（＝税務上の時価）との差異が大きく開いた場合、後日税務署から多額の贈与税を請求されることになります。

とはいえ、課税当局の担当者が、非上場株式の個々の取引ごとに、課税上いくらが妥当な価格なのかを逐一算定することは、時間もコストもかかります。

そこで、税法上は画一的なルールを定めて、そのルールに従って税務上の時価を定め、これと当事者の実際の売買価格とを比べて課税処分を行うこととしています。

なお、M＆Aなどで第三者が株式をすべて買い取る際の価格や、裁判所が決定した価格などは、「純粋に経済合理性のある、市場経済原理に基づいて売買価額が決定される間柄」として税務上も是認されます。つまり第三者間の取引であれば、その合意価額は「税務上も妥当である」と判断されるのです。

同族間の売買では「トリプル課税」に注意

逆に、第三者間でない、すなわち「同族間」の売買においては、税法上のリスクに注意する必要があります。それが「みなし譲渡」「みなし配当」「みなし贈与」です。

たとえば、仲のよい兄弟が協力して、業績のいい会社をつくり上げたケースを想定してみます。

あるとき、方向性の違いから兄弟が仲違いし、弟が兄に保有株を時価純資産価額で計算して10億円で買い取るよう要求したとします。兄は、個人では買取資金がなかったため、会社で買い取ることにしました。しかし、会社も10億円の資金を用意できなかったため、弟との交渉によって3億円で買い取ることで合意しました。

その結果、時価10億円の株式を時価の2分の1未満の3億円で、かつ個人から法人への譲渡ということで、所得税法第59条の「みなし譲渡」に該当してしまいました。

●所得税法第59条

次に掲げる事由により居住者の有する山林（事業所得の基因となるものを除く。）又は**譲渡所得の基因となる資産の移転があった場合には、**その者の山林所得の金額、譲渡所得の金額又は雑所得の金額の計算については、その事由が生じた時に、**その時における価額に相当する金額により、これらの資産の譲渡があったものとみなす。**

一 贈与（法人に対するものに限る。）又は相続（限定承認に係るものに限る。）若しくは遺贈（法人に対するもの及び個人に対する包括遺贈のうち限定承認に係るものに限る。）

二 著しく低い価額の対価として政令で定める額による譲渡（法人に対するものに限る。）

つまり、実際には弟は譲渡代金として3億円しかもらっていなくても、「著しく低い価額」で株式の譲渡が行われたとされ、時価である10億円で譲渡したとみなされて、課税されてしまうのです。

さらに、その会社から配当金を受け取ってはいないのに、実質的な利益が分配されたとみなされて課税される「みなし配当」も適用されます。このみなし配当や、（所得税と同様、所得に対して課税される）住民税なども含めると、結果的に約5億円もの税金が弟に課せられることになってしまいます。

一方、会社が低価格で株式を取得したことによって、10億円と3億円の差額である7億円の含み益は、兄を含む弟以外の株主に「贈与」されたと解釈されます。つまり、「弟が株式を値引きして会社に売却したことによって、その分の額を他の株主にプレゼントした」とみなされ、弟以外の株主は、その持株数に応じて課税対象となってしまうのです。これが「みなし贈与」です。

このように、時価より著しく低い価額で売買が成立した場合は、税法上の規定によって、後々多額の税金を支払わなければならない「みなし譲渡」「みなし配当」「みなし贈与」の課税リスクに注意が必要です。

税務上のルールにもとづいた非上場企業の株価算出方法

同族間の取引の、たとえば発行会社が個人の同族株主から株式を買い戻すような場合には、このような課税リスクに注意が必要です。この課税リスクを避けるためには、やはり税務上のルールに則った株価の評価を考慮することが賢明でしょう。

では、非上場企業の株価は、税務上のルールに即してどのように算出されるのでしょうか。

図表3－3は、取引相場のない株式を評価するための「判定」と「評価方法の決定」のフローです。ここで押さえるべきなのは「株主の判定」で、「同族株主」かそうでないかで、株式の評価方法が異なる点です。「同族株主等」であっても、一定の要件を満たす場合には、特例的評価方式（配当還元方式）で評価します。

相続・贈与などで株式取得後に会社の意思決定を左右できる「同族株主等」と判定された場合は、高い評価となる「原則的評価方法」で評価されます。

株主の判定において、株式取得者が「同族株主等」に該当するのは、大まかに言って、取得者が親族や特別な関係にある個人・法人とともに支配株主グループ（または中心的な大株主グループ）を形成している場合になります。

一般的に、事業を承継する後継者は「同族株主等」に該当するケースがほとんどです。

図表3-3／評価方法の選定のフローチャート

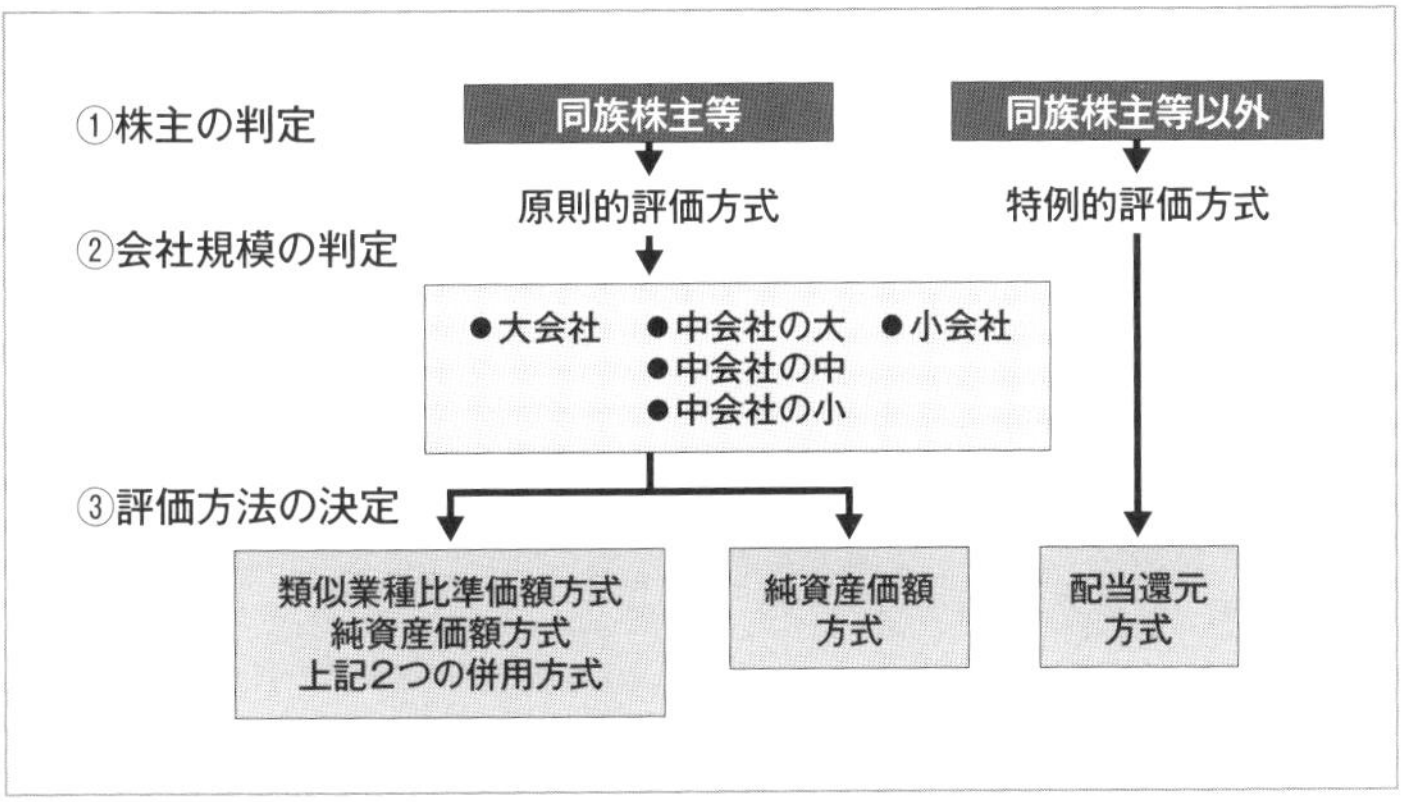

（出典：「中小企業オーナー向け 事業継承のための事業継承ハンドブック」エヌエヌ生命保険（株））

図表3-4／株主の判定①（同族株主がいる会社の場合）

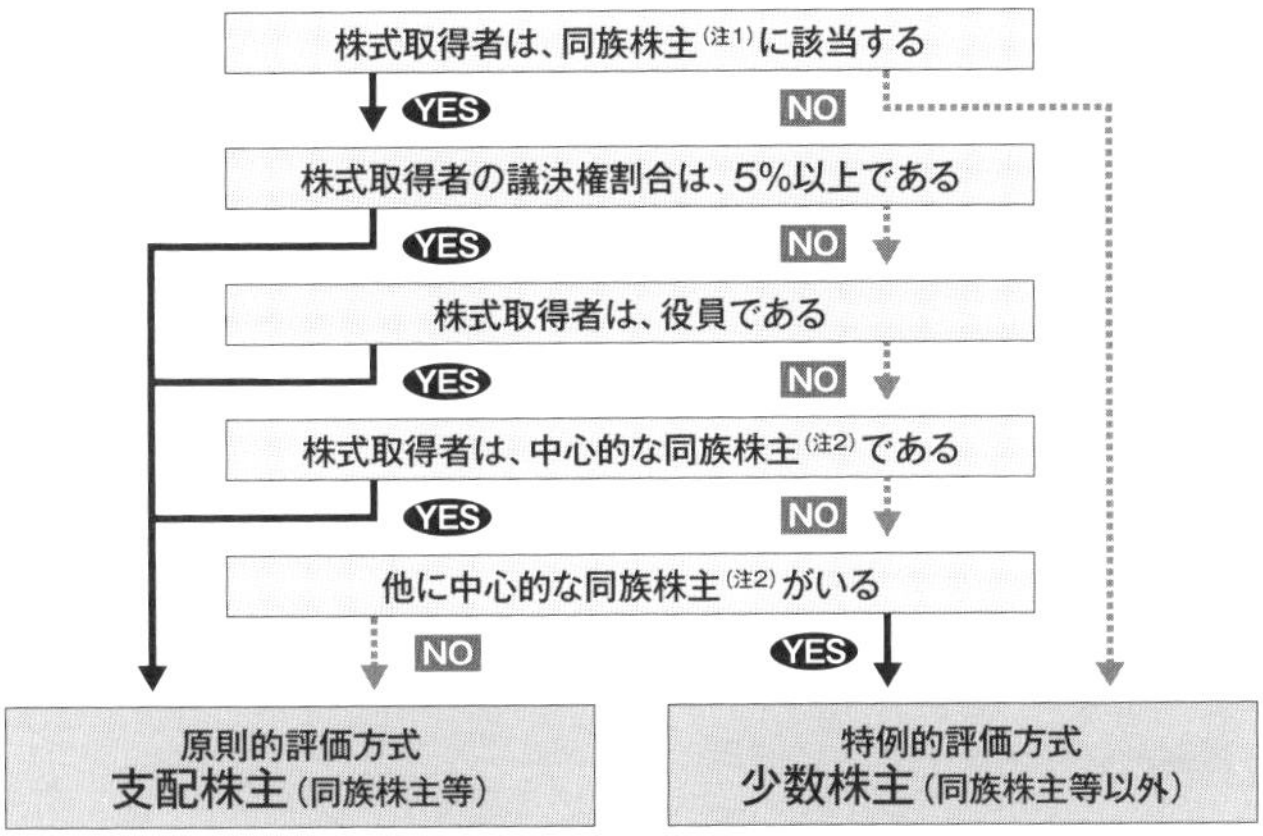

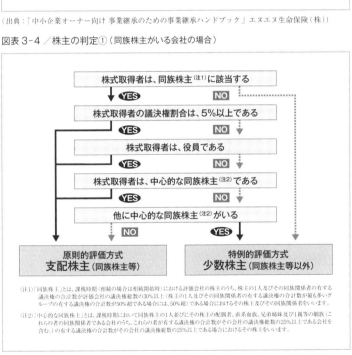

（注1）「同族株主」とは、課税時期（相続の場合は相続開始時）における評価会社の株主のうち、株主の1人及びその同族関係者の有する議決権の合計数が評価会社の議決権総数の30%以上（株主の1人及びその同族関係者の有する議決権の合計数が最も多いグループの有する議決権の合計数が50%超である場合には、50%超）である場合におけるその株主及びその同族関係者をいいます。

（注2）「中心的な同族株主」とは、課税時期において同族株主の1人並びにその株主の配偶者、直系血族、兄弟姉妹及び1親等の姻族（これらの者の同族関係者である会社のうち、これらの者が有する議決権の合計数がその会社の議決権総数の25%以上である会社を含む。）の有する議決権の合計数がその会社の議決権総数の25%以上である場合におけるその株主をいいます。

（出典：「中小企業オーナー向け 事業継承のための事業継承ハンドブック」エヌエヌ生命保険（株））

こうしたケースでは、株式取得者は会社の経営に大きな影響力を及ぼすことになるため、価額は高く評価されるのです。

一方、買い手が株式取得後も会社の経営に関してさほど影響を及ぼさず、配当による利益を享受するのにとどまるような場合は、価額は低く評価されます。その際に用いられるのが、特例的評価方式（配当還元方式）です。

図表3-5／株主の判定②

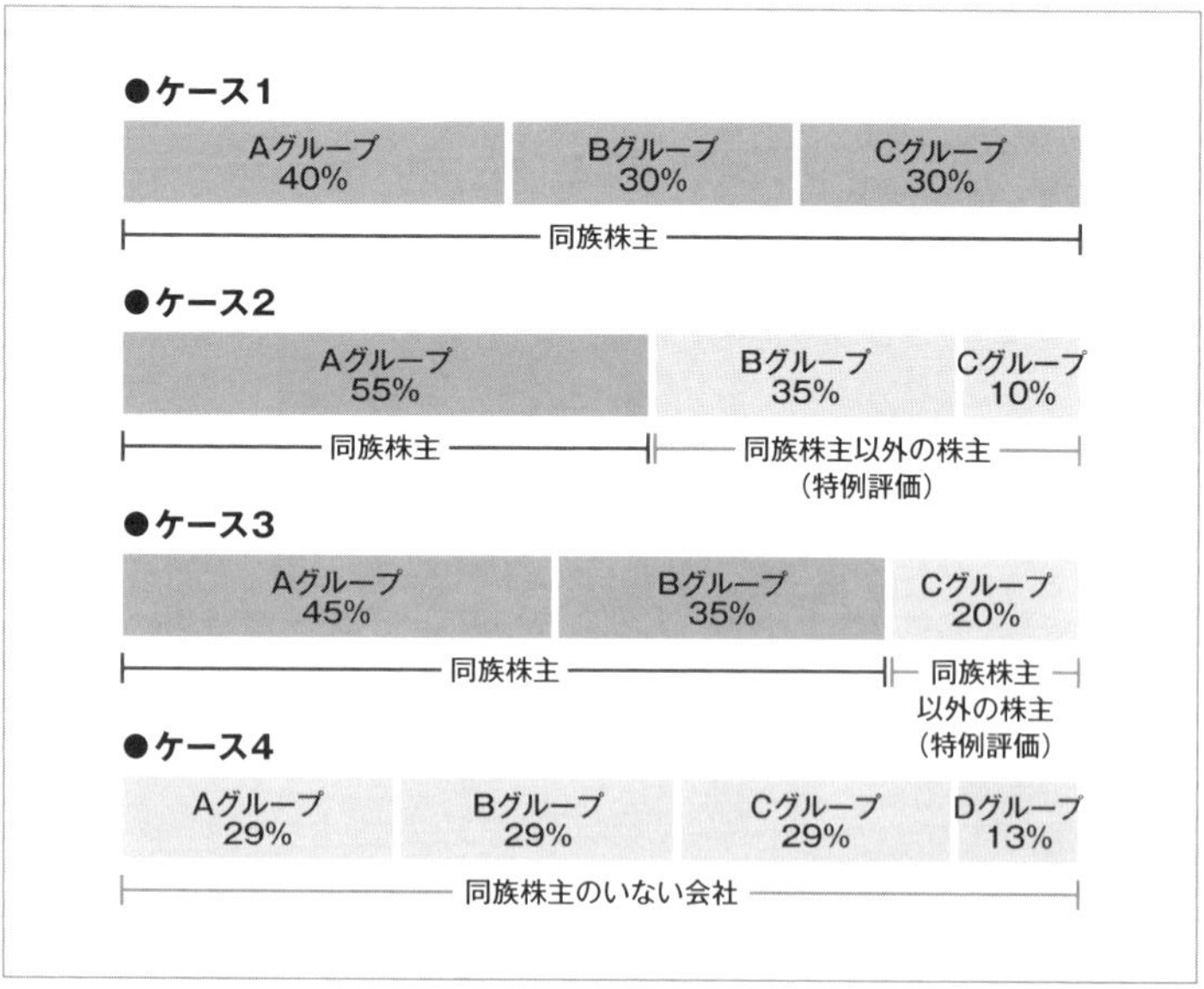

（出典：「中小企業オーナー向け 事業継承のための事業継承ハンドブック」エヌエヌ生命保険（株））

5 【ステップ④】売買交渉をする

売買交渉には高度な「専門知識・経験・ノウハウ・情報」が必要

最後のステップは、買い手との売買価格や条件の交渉になります。ただ、買い手との売買交渉は、株式売買に関する財務面や法律面での専門知識、相場観（落としどころ）に関する経験、ノウハウ、情報などがなければ、うまく進めることはできません。買い手となり得るファンドや個人投資家などは、豊富な専門知識に加えて圧倒的な取引実績から得た経験とノウハウを持っています。したがって、できるだけ有利な条件で交渉を進めるには、買い手と対等にわたりあえるだけの「専門知識・経験・ノウハウ・情報」などが求められます。

妥当でない金額で売ってしまうことも

売り手と買い手とのあいだにこの「専門知識・経験・ノウハウ・情報」などのギャップが存在する際に、売り手にとって大きなリスクとなるのは「妥当でない金額で折り合いをつけてしまう」ことです。本当は相場に照らして500万円の価値があるのに、もっともらしい理屈で言いくるめられて100万円で売却してしまうようなケースが、実際には少なくありません。

たとえば、なんとか見つけた買い手候補から「これが相場です」などと言われると、「希望額とかけ離れているけど、買ってくれるならこの金額で手を打っておくか……」と妥協してしまいやすいものです。

しかし、これではせっかくの400万円の利益をみすみす逸失してしまうことになり、仮に売り手と買い手の双方が合意したとしても、本当の意味で双方が納得した価格とは言えません。

買い手を見つけるには情報収集やネットワークが必要

また、ステップ②で非上場企業の少数株式の買い手候補を挙げましたが、具体的に買い手を見つけるためには買い手に関する情報収集やネットワークが必要不可欠です。

ここまでみてきたように、非上場株式には、流通市場が存在しないがゆえに、まずどの買い手候補に当たればいいのか見当もつきません。仮に財務や会計に関する高度な知識があり、自力で株式評価ができたとしても、非上場株式の買い手を見つけられるかどうかは全く別問題です。

また、一口に買い手といっても、投資対象を特定の業種に絞っていたり、比較的大きな企業のみをターゲットにしていたりと、ジャンルや規模に応じて細分化されています。したがって、ベストな買い手を見つけるためには、日ごろから買い手となり得る事業会社やファンド、個人投資家への幅広いネットワークを築き、彼らの好みや求める条件を個別に把握するよう努めることが必要不可欠です。

税理士・弁護士は買い手を探す専門家ではない

通常、株式を売却しようとする人の多くが、仲介役として税理士や弁護士などの専門家を頼ります。

ただ、税理士は税務、弁護士は法律と、いずれもそれぞれの分野で高度な専門知識を有するプロフェッショナルではありますが、株式売買のプロではありません。そのため、できることに限りがあることを念頭に置く必要があります。

税理士の中には、株式の評価を依頼されると、税法上の株価を算定される方もいます。それは間違いではないのですが、第三者との売買においては、株価は「取引」で決まります。したがって税法上の評価額とはかならずしも一致しません。それどころか、その企業の将来性が見込めなかったり、持分比率が低いこと、経営陣と少数株主との関係性などがディスカウント要因となり、税法上の評価額を下回るケースもよくあります。

ただし、税理士に責任はありません。税理士は、税務上のリスクを生じさせないことを最優先に株式評価を行うのが役目だからです。むしろ、依頼する側が株式の評価方法について正しい知識を備えておくことが重要なのです。

最初の相談相手が弁護士というのもよくあるパターンです。会社法に詳しく事業承継などを数多く手がけている弁護士であれば、譲渡承認請求の手続きやポイントなど、適切なアドバイスをしてくれるでしょう。ただ、弁護士も具体的な買い手を見つける専門家ではありません。

「アドバイザー」の役割

この点、非上場株式の売買に関する「専門知識・経験・ノウハウ・情報」、買い手に関する情報やネットワークを幅広く持つ「アドバイザー」を相談相手とすることで、交渉がスムーズに進むことがあります。

非上場株式の売買におけるもっとも大きな問題は、売り手と買い手とのスキルやノウハウ、手に入る情報のギャップです。売り手と買い手には、売買にかかる経験、技術、情報などのあらゆる面で「大きな格差」があり、それを埋めなければ公平な交渉ができません。

その「格差」を埋めるのがアドバイザーの役割です。アドバイザーの果たす役割は、大きく2つあります。

1つは売り手と買い手の「マッチング」です。依頼を受けた株式について、その発行会社の財務状況や事業の将来性、少数株主の状況などを考慮しながら、関心を示してくれそうな買い手を、事業会社、ファンド、個人投資家などの選択肢から検討し、最適なマッチングを行います。

もうひとつは「買い手との売買価格や条件の交渉、譲渡手続きの進行」です。

これまでみてきたように、買い手は、売り手と比べて豊富な専門知識に加えて圧倒的な取引実績から得た経験とノウハウを持っています。アドバイザーは、売り手と買い手のあいだにあるこのギャップを埋め、明確な根拠と相場に照らして、買い手と対等な立場で売買価格や条件の交渉を進めます。同時に、外部株主を嫌がる発行会社とは丁寧なコミュニケーションを行うことで譲渡承認などの手続きを前進させていくのも、アドバイザーの重要な役割です。経営陣に親族や顔見知りがいることの多い同族会社の場合、第三者であるアドバイザーを介して手続きを進めたほうが、プロセスがスムーズに進む場合もあります。

なお、売買交渉の実務においては、アドバイザーは税理士や弁護士ともチームを組んで対応します。税理士は、売買における税務リスクの確認を行ってくれます。また、弁護士は、発行会社に対する譲渡承認請求、必要に応じて帳簿閲覧謄写請求など、法律面でのサポートを行ってくれます。

税務や法律に関する高度な知識が求められる売買プロセスにおいて、彼らのようなプロフェッショナルの存在は不可欠です。その点では、アドバイザーは、売買プロセスにおける全体のコーディネートを担う役割であるとも言えます。

その企業の将来性に価値を感じる買い手と売り手をマッチングし、買い手と対等な立場で売買価格や条件の交渉をするアドバイザーに依頼することは、結果的に期待する売却につながる確率が高くなると考えています。

「三方よし」をめざすとうまくいく

ところで、非上場企業の少数株式の売買においては、売り手と買い手双方の交渉の中で最終的な売買価格や条件が決定されるとお伝えしてきました。第三者との売買はもちろんですが、発行会社に買い戻してもらう際も、税務上のリスクをにらみながら、最終的な売買価格や条件を交渉の中で決定していきます。

したがって、実際は自分の希望する金額や条件では売れない可能性があります。取引を成立させるためには、ある程度の譲歩が必要な場面もあることをご理解ください。

なぜこのことを強調するのかというと、株式売却の実務に携わっていると、過度な評価を見込んで売却を望む依頼主の方が多いからです。「持分純資産＝譲渡価格」として期待してしまうのがその一例です。

金額面だけをみると当初の希望額から譲歩することもあります。ただ、そのぶん金額以外の条件面で相手の譲歩も引き出しながら、買い手よし・売り手よし・発行会社よしの「三方よし」の解をできるだけめざすことが、結果的には売買成立というゴールにたどり着くと、私は考えています。

次章では、私が運営する日本成長支援パートナーズ（ＮＧＳ）が手がけた売買の具体的な事例をいくつかご紹介します。アドバイザーとして、売り手である株主の依頼を受けてから、買い手を見つけ、現実的な着地点を探りながら交渉を行い、売却への筋道をつける過程が、より具体的におわかりいただけると思います。

4

第4章

非上場企業の少数株式はこうして売却した

～事例集～

第3章では、非上場企業の少数株式を売却するための方法について、4つのステップに分けて説明しました。

本章では、非上場企業の少数株式売却に向けた全体の流れをより具体的にイメージしていただくため、NGSが実際に依頼を受け、売却までお手伝いした代表的な事例をご紹介します。依頼を受けるまでの依頼主と発行会社との関係から、実際の売買交渉の過程、そして最終的なクロージングまで、一連のプロセスがおわかりいただけるかと思います。

（※守秘義務の関係から、業種、持分比率、譲渡価格などは置き換えています）

CASE 1　半ば諦めていたが、本人の希望より高く売却できたケース
CASE 2　譲渡承認請求をしたら、発行会社が買い取ると言い出したケース
CASE 3　具体的な買い手を見つけてきたら、発行会社がすぐに買い取ると言い出したケース
CASE 4　発行会社とのあいだでどうしても買取条件が折り合わなかったケース
CASE 5　ファンドが一部買い取り、バリューアップしていくこととなったケース
CASE 6　少数株主持分の売却を進めたら、オーナーも一緒に売却したいとなり、結果的に100パーセント売却したケース

CASE 1

半ば諦めていたが、本人の希望より高く売却できたケース

企業概要（Z社）

●事業内容：システム受託開発
●設立年月日：１９８０年
●従業員数：１００人
●売上高：30億円
●利益水準：０・5～1億円の範囲で推移
●資産状況：純資産13億円、現預金5億円

株主構成（2名）

株主	属性	持分比率
Aさん	社長	70パーセント
Bさん（依頼主）	（元）専務	30パーセント

【経緯】 社長が態度を硬化、1年経っても買い手が見つからず……

創業約40年のシステムの受託開発を行うZ社のケースです。現社長のAさんと、元専務のBさんの二人で創業し、順調に業績を伸ばしてきましたが、経営方針の違いからAさんとBさんが対立し、最終的にBさんは会社を辞めてしまいました。Bさんが退社したあともZ社の業績は好調で、会社の資産も積み上がっています。

数年前に体調を崩し、今年70歳になるBさんは、Z社の株式の相続税が高額になってしまうことが気になり始めました。

そこで、保有している30パーセントの株式を買い取ってもらおうと、まず社長のAさんに相談しましたが、もともと喧嘩別れした間柄ということもあり、取り合ってもらえません。

おとなしく取り合ってくれる日を待っていても埒《らち》が開かないと考えたBさんは、弁護士を立てて交渉に乗り出します。すると、Aさんは態度を硬化させ、ますます交渉に応じなくなってしまいました。

株式の売却を思い立ってから1年が経過しましたが、相変わらず、Aさんが交渉に応じる気配はありません。そのあいだ、売却先としてAさん以外にも声を掛けようと試みましたが、打診先に複数の選択肢があるわけでもなく、条件面で合意できる買い手も見つかりませんでした。弁護士からの紹介で、弊社に来られたBさんはかなり落ち込んだ様子でした。

【交渉】 最終的に想定以上の金額で売却！

話が進まなかった1つの要因として、Bさんが弁護士を雇ったことでAさんが態度を硬化させてしまったことが推測されます。

ただ、それに加えて、Bさんの売却希望価格も一因だったようです。話を聞くと、Bさんは株式の売却額を、Z社の簿価純資産に持分比率を掛けて評価していたことがわかりました。つまりZ社の簿価純資産が13億円なので、その30パーセントである約4億円を売却額として交渉していたのです。

持分純資産による評価方法は、解散価値に近い考え方で、計算式はシンプルですが、現実には必ずしも実体をあらわしたものにはなりません。というのも、帳簿上の資産は時価とは異なっていることが多く、実際にどの程度なのかは厳密に再評価してみなければわからないからです。

また、継続して活動を続けることが前提の企業において、将来の利益や成長見込みなどのプラス要因、また非上場企業の少数株式の特徴である流動性の低さなどのディスカウント要因が織り込まれておらず、相場とは異なった評価になってしまいます。

さらに現実的な問題として、Aさんは個人で4億円を支払うことはできず、現預金が5億円しかないZ社が30パーセントの株式を買い取るために4億円の現金を支払うことにはリアリティがありません。

第三者も、低い流動性というディスカウント要因を踏まえれば、なかなか持分純資産では買い取らないでしょう。

Bさんは落胆した表情で、「社長のAさんは話し合いにも応じてくれず、自力で買い手を当たってみたものの見つからず、結局1年が経過しました。持分純資産の4億円での買い取りは現実的でなかったのかもしれません。今は10分の1の4，000万円でもいいです。買ってくれる人が見つかれば……」と話していました。

ただ、Z社の財務状況を見る限り業績は良好で、無借金かつ、利益もしっかり出ており、現預金も5億円あります。そのため、4，000万円まで譲歩しなくても買い手は見つかるだろうと考えました。

一方で、特別決議の拒否権を持たない少数株式（持分比率3分の1未満）であること、株主同士が揉めていることはディスカウント要因となります。

この辺りを踏まえ、買い取ってくれる対象を探した結果、業界に精通するY社が買い取りの意向を示しました。

買取条件もBさんが十分満足いくものだったので、BさんとしてはY社に売却したいと考えました。

ただ、Z社の株式には譲渡制限が付されていたので、譲渡承認請求を行う前に、社長のAさんとY社を引き合わせ、Y社の概要と株主になった場合に想定するZ社への関わり方（会社の成長に寄与したい旨）など、丁寧に説明しました。そのうえで、Y社を譲渡先とする譲渡承認請求をZ社に行いました。

結果として譲渡承認請求は承認され、Bさんは保有する30パーセントの株式をY社に売却することができ、売却額も想定していた額を大きく上回るものになりました。

【総括】なぜ、発行会社は譲渡請求を承認したのか？

ところで、非上場企業（特に同族会社）は外部の株主を避ける傾向にあるので、発行会社に譲渡承認請求を行っても、承認してくれないケースが多くあります。では、このケースでは、Aさん（Z社）はなぜ譲渡請求を承認した（外部株主を受け入れた）のでしょうか。

第2章で譲渡承認請求のフローを説明しましたが、もしZ社がBさんの譲渡承認請求を不承認とすると、Z社自身か、みずから指定した第三者（指定買取人）のどちらかが買い取ることになります。このとき、買取価格の折り合いがつかない場合は、裁判所に価格決定の中立てを行うことになります。

裁判所の価格決定における評価方法には、一定の傾向があります。今回のケースでは、業績に対する貢献度合いが大きい役員経験者（個人）から企業が株式を買い取るので、その買取価格には、利益が反映されるべきと考えられます。したがって、買取価格は、高い評価となる原則的評価方法で評価されることが予想されます。

おそらく、Z社には指定買取人の当てはなく、仮に自社で買い戻すとなると多額のキャッシュが流出します。そうであれば、友好的なスタンスを示している第三者のY社に買い取ってもらったほうが好都合で、ガバナンス上も支障がない（30パーセントの持分比率であれば特別決議の拒否権がないなど）という判断に到ったものと推察されます。

また事業面でも、対立した少数株主を抱えているより、友好的に会社の発展に寄与してくれる株主を迎え入れたほうが有益なはずです。

実際、新しい株主のY社はZ社と良好な関係を保っています。事業に関する高い見識を持ち、経営者と対等に対話できるY社が、中長期的な視点からZ社の成長をサポートしてくれると期待しています。

依頼主のBさんにとっては、1年間悩んだ案件でした。それが、最終的に満足いく条件で応じてくれる買い手が見つかり非常に喜んでいただきました。

【売却のポイント】

●持分純資産をベースとした買取価格は、発行会社からすると受け入れられないケースが多い。
●譲渡承認請求を行う前に、買い手を発行会社に紹介し、買取り意図を丁寧に説明することで、発行会社は譲渡承認請求を認めやすくなる。

CASE 2

譲渡承認請求をしたら、発行会社が買い取ると言い出したケース

企業概要（X社）

- 事業内容：化学原料の製造・販売
- 設立年月日：1900年
- 従業員数：150人
- 売上高：50億円
- 利益水準：3億円前後で推移
- 資産状況：総資産50億円、純資産35億円、現預金12億円

株主構成（34名）

株主	属性	持分比率
Cさん	社長	34パーセント
Dさん	Cさんの妹・X社の従業員	21パーセント
Eさん（依頼主）	**Dさんの夫**	**2パーセント**
取引銀行		3パーセント
取引銀行		3パーセント
生命保険会社		3パーセント
その他（個人28名）		34パーセント

【経緯】　弁護士を立てたことが対立のきっかけに

化学原料の製造販売を営むX社のケースです。120年を超える歴史ある企業で、安定した需要に支えられ業績は堅調に推移しています。

株主構成は、現社長のCさんが34パーセント、その妹のDさんが21パーセントの株式を保有しています。

その他、取引銀行などを含め、30人を超える株主に株式が分散している状況です。依頼主であるEさん（Dさんの夫）も2パーセントの株式を保有しています。

社長の妹であるDさんはX社の従業員として働いていますが、夫であるEさんはX社には全く関与していません。配当があるわけでもなく、Eさんからすると株式を保有しているメリットが全くありません。そのため、かねてから妻のDさんに「お義兄さんのCさん（もしくはX社）に、株式を買い戻すよう伝えてくれ」と打診していました。

しかし、Dさんが兄であるCさんに買取りの話を持ちかけても、のらりくらりかわされてしまい、状況は一向に進展しません。

加えてDさんは、自身がX社に雇用されていることもあり、X社の社長であるCさんに強く買取りをお願いすることもできません。

いよいよしびれを切らしたEさんは、弁護士を雇ってCさんに買取りを打診することにしました。すると、CさんからDさんに、一本の電話が入りました。

「Eさんの顧問弁護士と名乗る人物から連絡があったが、一体どういうことだ！」

完全に怒っています。これを機に、義理の兄弟の関係にあるCさんとEさんの対立が鮮明となりました。

事態をさらに悪化させたのは、顧問弁護士が少数株主の権利を行使して、取締役会議事録や会計帳簿などの閲覧謄写請求を行い、会社のことを調べ始めたことです。会社のことを細かく調べたうえで、株主総会で「取締役会の運営手続きに、会社法上の瑕疵《かし》がある」「経営陣の役員報酬が高額で、交際費も使っている一方で、配当が行われないのはなぜか？」など、株主の立場から問題提起や質問をしたため、CさんとEさんの仲はいっそう険悪になってしまいました。

【交渉】買い手との面談をもちかけると「自社（関連会社）で買い戻したい」

こうして、社長のCさんと義弟のEさん（2パーセント）の関係がかなりこじれた状態で、Eさんの顧問弁護士から弊社に連絡がありました。

「配当もなく、2パーセントの少数株式なので難しいと思うが、買い手を見つけてほしい」

という依頼でした。

X社は、派手さはありませんが、財務状況は健全で、底堅い需要に支えられ業績も安定していています。いくつかの買い手候補に打診したところ、業界に豊富な知見を有するV社が関心を示しました。買取条件もEさんの希望に適っていたので、EさんはV社に売却したいと考えました。

そこで、Eさんは保有する株式をV社に売却したい旨、X社に対して譲渡承認請求を行いました。

すると、思わぬ展開が待っていました。譲渡承認請求を行って5日ほどが過ぎた頃、X社(Cさん)から「X社の関連会社でEさんの株式を買い戻したい」との連絡があったのです。

【総括】具体的な買い手が現れると交渉のスピードが上がる

このケースのポイントは、多くの同族会社は、具体的な買い手が現れて初めて真剣に考えるということです。これまでも説明したように、株主から買い取ってほしいと相談を受けても、発行会社に買取義務はありません。具体的な買い手を見つけない限り、発行会社の多くは、現金が流出することを避けるため、のらりくらりと対応します。その前提として「第三者の買い手を見つけてくるのは困難だろう」という見立てがあるからです。それが、具体的な買い手を見つけて連れてくると、文字どおり「目の色が変わる」のです。

同族会社の多くは見知らぬ第三者に自社の株式を保有されることを嫌がる傾向にあります。CASE1のように、双方が話し合ったうえで「この買い手なら大丈夫」と納得してくれるケースもありますが、CASE1の場合は持分比率が30パーセントと高く、流出する現金も多額だったためやむを得ない選択だったのかもしれません。

今回のケースは持分比率が2パーセントと小さかったため、キャッシュは流出しますが、その額が少額だったため、自社の関連会社で買い取ったほうが無難だと判断したのかもしれません。

【売却のポイント】

●具体的な第三者の買い手を連れてくると、発行会社との交渉のスピードが上がる。

CASE 3

具体的な買い手を見つけてきたら、発行会社がすぐに買い取ると言い出したケース

企業概要（W社）

- **事業内容**：自動車部品加工
- **設立年月日**：１９５５年
- **従業員数**：45人
- **売上高**：7億円
- **利益水準**：0・8〜1億円の範囲で推移
- **資産状況**：総資産26億円、純資産12億円、現金3億円

株主構成（20名）

株主	人数	持分比率
経営（兄）グループ	4名	49パーセント
妹グループ	5名	20パーセント
伯母グループ（依頼主）	**5名**	**13パーセント**
叔母グループ	3名	11パーセント
叔父グループ	3名	7パーセント

【経緯】　複数の親族グループに株式が分散

東海エリアで自動車部品加工業を行うW社のケースです。

長い業歴の中で培ってきた独自のノウハウと、取引先とのあいだで築いてきた信頼関係が特長の企業です。

W社は、創業から約65年が経過し、その間何度かの相続を経て、親族間で株式が分散してしまっています。結果、経営（兄）グループ（4人／49パーセント）を筆頭に妹グループ（5人／20パーセント）、伯母グループ（5人／13パーセント）など、いくつかのグループに分かれて株式を保有しています。典型的な同族会社です。

本ケースの発端は、伯母グループの5人が、保有する13パーセントの株式を「売りたい」と言い始めたことです。配当もなく、経営グループとは疎遠だったことに加え、80代の伯母やその夫などの株主が高齢になっており、今後の相続を考えて手放したいという判断がありました。

そこで、W社（経営グループ）に対して「株式を買い取ってほしい」と頼みますが、他のケースと同様、W社はまともに取り合ってくれません。真剣な話し合いの場も設けられず、業を煮やした伯母グループが弁護士に相談し、弁護士を通じて弊社に相談がありました。

【交渉】　譲渡承認請求を出す前に決着

ほかのケースと同様、まずW社の財務状況や経営状況を調査したうえで、関心を持ってくれそうな買い手候補に打診しました。すると、ほどなくしてU社から買取り意向がありました。

独自のノウハウを持ち、業界でもしっかりとしたポジションを築いているW社に魅力を感じたそうです。U社から提案された買取条件も、依頼主の伯母グループにとって十分納得できるものだったため、U社に株式を売却する方向で譲渡承認請求の準備を進めている旨、あらかじめW社に伝えました。すると、W社からすぐに「自社で買い取りたい」と連絡がありました。伯母グループが買取りの相談をしても真剣に取り合ってくれなかったW社が、具体的な買い手が現れると、すぐに反応したのです。

先ほどのCASE2では、譲渡承認請求を出したあとにそれを否認して関連会社が買い取る流れでしたが、このケースでは譲渡承認請求を出す前に急転直下、売買が成立したのです。

【総括】具体的な買い手の登場は、話が進み始めるきっかけになる

このケースは、「具体的な買い手が現れると、発行会社は自社株の買取りの是非につい

て真剣に検討し始める」という点でCASE2とよく似ています。U社という具体的な買い手が目の前に現れたことで、親族で株式を持ち合っているW社の社内は蜂の巣をつついたような騒ぎになったことでしょう。

「非上場の同族会社である自社の、しかも少数株式を買いたいという者など、まさかいないだろう」と高《たか》を括《くく》り、まじめに対応してこなかったのですが、U社の登場によって、話は急に現実味を帯びます。同族会社は、外部の者が株主に加わることを嫌がる傾向にあります。これまで外部の株主と接したことがない会社であれば、その傾向はより強いことでしょう。第三者であるU社が登場したことで、株式買取りに向けた検討の動きがスピーディーになったと推察されます。

ここで誤解のないように強調しておきたいのですが、私たちは決して発行会社に対して脅しをかけているわけではありません。「株式を売却したい」と考える少数株主ために、健全な買い手を見つけ、会社法上の手続きを実行しているだけです。発行会社にとっては「寝耳に水」かもしれませんが、株主としての役割を終えたいと考えている売り手から、会社にとって意味のある株主に入れ替わることは、結果的には会社の成長にとってもメリットがあると考えています。

また、そもそもの話ですが、経営側が「自社の株式なんて、誰も買わないだろう」と考えることは、「自社に価値がない」と言っているようなものです。株主から選任され経営を任されている経営陣は、本来、株主価値を高めることが求められています。自社の価値を低く見積もることはみずからの役割を果たせていないことを表明しているようで、個人的には違和感を覚えます。

【売却のポイント】

- 具体的な買い手が現れると、発行会社は自社株の買取り是非について真剣に検討し始める。
- 株主としての役割を終えたい売り手から、会社にとって意味のある株主にバトンタッチすることは、結果的には会社の成長にとってメリットがある。

CASE 4

発行会社とのあいだでどうしても買取条件が折り合わなかったケース

企業概要（T社）

- **事業内容**：精密機器メーカー
- **設立年月日**：１９４７年
- **従業員数**：７００人
- **売上高**：３５０億円
- **利益水準**：25億円程度
- **資産状況**：総資産２００億円、純資産１１０億円、現金30億円

株主構成（50名）

株主	持分比率
従業員持株会	38パーセント
個人（創業家株主）	8パーセント
生命保険会社	5パーセント
個人（創業家株主）	4パーセント
Fさん（創業家株主）（依頼主）	**3パーセント**
その他（個人、法人45名）	42パーセント

【経緯】「上場を目指す」動きが見えない発行会社に業を煮やした株主

創業75年の精密機器メーカーT社のケースです。

従業員700名、売上高350億円、利益もしっかり出ており、規模、経営状況ともに上場していてもおかしくないほど立派な企業です。しかし、上場はしておらず、プライベートカンパニーとして事業を続けています。

筆頭株主は、従業員持株会（38パーセント）で、そのほか保険会社や取引先など親族以外も株式を保有するなど、長い歴史の中で株式は50人ほどに分散しています。

本ケースの依頼主となった創業家株主のFさんも、3パーセントしか保有していない少数株主の一人です。

Fさんは、T社の経営陣が以前から「将来的には上場を目指す」と公言していることを信じ、その実現を期待して株式を保有し続けてきました。しかし、上場するためには、証券会社の引受審査、証券取引所の審査など、大きな労力と時間がかかり、口で言うほど簡単ではありません。T社がどこまで本気で上場を目指していたかはわかりませんが、Fさんとしては、いつまで経っても上場に向けた動きが見えないT社に業を煮やし、自身の年齢も考慮して「このタイミングで売却したい」と考えたのです。

会社側も交渉には応じてくれますが、どうしても価格面で両者に開きがあり、折り合わないまま、3年が経過していました。

【交渉】 社内相場の3倍の価格での買取り要求には応じられず……

当初、FさんがT社に対して提示した買取希望価格は、1株3，000円（T社の純資産額を発行済株式総数で除して計算した一株当たりの純資産）に持ち株数を掛けたもの、要するに持分純資産でした。この金額は一見妥当そうではありますが、これまでも説明してきたとおり、「持分純資産＝譲渡価格」ではありません。

実際、T社の従業員持株会に加入している社員が退職する際、T社は持株会規約に基づき1株1，000円で買い戻してきました。その3倍に相当する金額で買い戻すことは創業家株主とはいえ社内で説明がつきません。また、仮に今回、Fさんの要求に応えてしまうと、これまでの1株1，000円といった社内相場が崩れてしまい、将来的に多額のキャッシュが流出するリスクがあり、どうしてもFさんからの要求に応えられずにいました。

発行会社と交渉を続けても事態が進まないと考えたFさんは、自身の顧問弁護士に相談し、その弁護士を通じて弊社に相談がありました。

優良企業ということもあり、少数株式ではありましたが、複数の企業から買取り意向が示されました。結果的に、上場支援なども行うコンサルティング会社のS社が選定され、T社も譲渡を承認しました。当初FさんがT社に対して提示した買取価格には届きませんでしたが、Fさんも納得の条件で売却することができました。Fさんも、「3年間結論が出ず、モヤモヤしていました。こんなにスピーディーに納得の条件で売却できるなら、もっと早く第三者の買い手を探せばよかった」とおっしゃっていました。

【総括】 戦略的な株主に入れ替わったことは、企業の成長にとってもメリット

Fさんは早期に解決したことに非常に満足されていましたが、もしかしたら本件は、依頼主であるFさんよりも、発行会社のT社から感謝されたかもしれません。経営上どうしても受け入れられない金額での買取りを要求するFさんは、T社にとって長年悩みのタネだったことでしょう。株式の高価買取を要求するFさんから、戦略的な株主であるS社に入れ替わったことは、T社の成長にとってもメリットが大きかったと考えています。今では、S社による上場に向けた支援も開始されていると聞いています。

【売却のポイント】

●発行会社と買取条件が折り合わない場合は、発行会社以外の第三者の買い手を探すことも、早期売却に繋がる可能性がある。

CASE 5

ファンドが一部買い取り、バリューアップしていくこととなったケース

企業概要（R社）

●事業内容：船舶用機器設計・製造
●設立年月日：１９５５年
●従業員数：95人
●売上高：28億円
●利益水準：営業利益０・４億円
●資産状況：純資産12億円、現金４億円

株主構成（4名）

株主	属性	持分比率
Gさん（依頼主）	**（元）社長・兄**	**48パーセント**
Hさん	現社長・妹	46パーセント
その他（個人2名）		6パーセント

【経緯】 経営を妹が引き継いだとたん、業績が悪化

九州地方で船舶用機器を設計・製造しているR社のケースです。

東京の大学を卒業後、大手商社に勤務していたGさんは、父親である先代が亡くなったことをきっかけに経営を引き継ぎ、社長を務めていました。その頃は、営業利益が1・5億円ほどで堅調な経営を続けていました。

ところが、Gさんが体調を崩し、これまでのように社長として経営の舵取りを続けるこ

とが難しくなりました。そこで、Gさんが取締役になり、代わりに社内で経理をしていた妹のHさんに経営を引き継いだのですが、その後経営が目に見えて悪化してしまいます。今となっては、営業利益は0・4億円まで減少し、古参の社員も次々に辞めてしまいました。このままどんどん経営が悪化すると、当然保有する株式の価値も下がります。そのことを懸念したGさんは、Hさんに何度も経営の見直しを提案していたようですが、状況は一向に改善されません。そうしているうちに、何度も提案されるのを疎ましく思ったのか、Gさんは取締役を解任されてしまいました。

Gさんとしては、父が創業し、自分自身も社長を務めていたR社をなんとかしたい、それが叶わないのなら、株式を売却したいが、業績が悪化の一途をたどっている状況では、満足のいく価格で売却できる見込みはない。困り果てたGさんは、弊社に相談に訪れました。

【交渉】ファンドが51パーセント保有し、経営支援

現状は業績が悪化しているとはいえ、技術・ノウハウの蓄積はしっかりされており、経

営改善による成長ポテンシャルを感じさせる企業でした。そこで、企業の成長を支援するファンドの1つであるグロースキャピタルのQ社に経営陣として加わってもらい、企業を再建しながらバリューアップさせていく方法を提案しました。

先に結果からお話しすると、Q社がGさん、Hさん、その他の株主から合わせて51パーセントの株式を買い取りました。Q社に過半数の株式を持ってもらったうえで、現社長のHさんには会長になってもらい、実質的な経営はQ社が担っていくという体制を取りました。

Gさん、Hさんは、持分比率が下がって経営の一線からは退きますが、引き続き、株主の立場から経営を監視していきます。

Q社はファンドなので、R社の企業価値を高めたうえで、将来的には持分を会社のさらなる成長に資する第三者にバトンタッチするでしょう。そのときQ社と一緒に、Gさん、Hさんも保有する残りの株式を第三者に譲渡するシナリオを想定しています。バリューアップした形で譲渡できれば、二人にとっても大きなメリットがあるので、二人ともこの提案を受け入れてくれました。

【総括】 売り手、買い手、発行会社それぞれの「プラス」を最大化する

ファンドによる成長支援に関する案件ですが、ポイントとなったのは、現社長で妹のHさんがQ社への譲渡承認請求に応じるかどうかでした。

これまでのケースにもみられるように、まず同族会社は見ず知らずの第三者が株主に加わることを非常に警戒します。ましてやこのケースでは、過半数をファンドであるQ社に渡すという提案です。しかも、Hさんはまだ経営に対して意欲を持っていました。

そのため、非常にハードルの高い提案でしたが、Hさんとはとりわけ丁寧にコミュニケーションを行いました。R社を何度も訪問し、「会社を乗っ取る」ような話ではないこと、Hさんには会長として経営陣に残ってもらうことで、引き続き経営をサポートしてほしいと考えていることなどを説明し、最後はGさんの説得もあって、Q社への譲渡に合意していただきました。

この案件を通じて改めて私自身も学んだのは、非上場企業の少数株式の売買においては、売り手、買い手、発行会社それぞれが納得できるポイントをできる限り見つけることが大切ということです。兄のGさん、あるいは妹のHさん、Q社のいずれかが自分だけの希望

を満たし「一人勝ち」の取引を行い、他の関係者が著しく不利益を被るようでは、売買は成立しなかったでしょうし、会社としても永続的な成長は難しかったでしょう。

仮に、希望が100パーセント通らなかったとしても、売り手、買い手、発行会社それぞれにとっての「プラス」が最大化できる道を選択することが、中長期的な会社の成長に繋がり、結果的に株主の利益も最大化されます。

非常に難しい案件ではありましたが、最終的に頼れる経営パートナーとしてQ社を株主に迎え入れることができ、R社はよい再出発を図ることができました。


【売却のポイント】

●企業の成長を支援するファンド（グロースキャピタル）も買い手候補になり得る。
●企業にとって望ましいビジョンを共有したうえで、売り手・買い手・発行会社にとって「プラス」が最大化する道を選択することが、中長期的には企業の成長に繋がり、結果的に株主の利益も最大化される。

CASE 6

少数株主持分の売却を進めたら、オーナーも一緒に売却したいとなり、結果的に100パーセント売却したケース

企業概要（P社）

- ●事業内容：電気工事施工管理
- ●設立年月日：1985年
- ●従業員数：40人
- ●売上高：25億円
- ●利益水準：2億円程度

株主構成（2名）

株主	属性	持分比率
Iさん	社長	60パーセント
Jさん（依頼主）	**（元）副社長**	**40パーセント**

【経緯】　買取りの相談をするも半年間回答がなく……

関西を中心に電気工事施工管理を行う創業35年のP社のケースです。

株主構成は2名で、創業社長であるIさんが60パーセント、副社長だったJさんが40パーセントを保有しています。Iさんと Jさんはともに72歳で、血縁関係はありません。

副社長だったJさんは、数年前に体調を崩して退職しました。体調がすぐれないこともあり、相続のことも考え、保有する40パーセントの株式を売却したいとIさんに申し出ました。

ところが、Iさんからは「ちょっと待ってほしい」と回答を留保されたまま、気づいたら半年が過ぎていました。Jさんとしては自身の体調不安もあり早期に売却したい意向が強く、弁護士を通じて弊社に相談がありました。

【交渉】「自分の株式も一緒に買い取ってくれないか」

関西を中心にしっかりとした顧客基盤を持ち、利益もしっかりと出していることから、買い手としてO社が名乗り出てくれました。「40パーセントの株式の買取りに際して、事前に社長のIさんと面会させてほしい」とO社からの要望があったため、社長のIさんに面談依頼をしました。

それから数日後、Iさんから電話がありました。

「自分の株式も一緒に買い取ってくれないか」

思いもよらぬ展開でした。これまでJさんが相談してもなかなか進展しなかったのですが、具体的な買い手のO社との話し合いのテーブルについてもらおうと思っていた矢先に、事態は急転直下し、最終的にO社がP社の株式について、100パーセント譲渡を受ける結末となったのです。

【総括】 多くの中小企業が頭を抱える「事業承継問題」

思いがけない結果となったケースですが、あながち意外な結果と言えないかもしれません。というのも、このケースの背景にあるのは、昨今、多くの中小企業が直面している「事業承継問題」が絡んでいるからです。

P社は、社長のIさんに後継者がおらず、以前から事業承継に悩んでいました。

IさんがJさんの買取りの相談になかなか応じなかったのも、決して不誠実な態度ということではありません。株式を買い戻すには多額の現金が必要で、おそらくP社の場合は、買い戻すにも銀行から借入して資金を調達せざるをえませんでした。それを数年かけて返済していくのですが、返済し終わった頃にはIさんも80歳近くに達してしまいます。それは現実的ではないため、Iさんも大いに悩み、逡巡してしまったものと思われます。

今回、具体的な買い手としてO社が現れたことで、Iさんにとっても、いよいよ真剣に事業承継の問題に向き合わざるを得なくなったのでしょう。そして、P社に対して価値を感じてくれている0社に、会社全体を譲渡するのが事業承継問題の解決につながるチャンスと判断したのかもしれません。

いま、P社のように事業承継問題に直面している中小企業は多く、経営者は自問自答を繰り返しています。今回のように少数株主がアクションを起こしたことがトリガーとなり、最終的に会社全体を譲渡するようなケースは増えてくるのかもしれません。このP社の事例は、少数株主の動きが事業承継に悩む中小企業に1つの選択肢を与えた好例だと考えています。

【売却のポイント】

●多くの中小企業が事業承継問題に悩む中、少数株主のアクションが、経営者を事業承継問題に真剣に向き合わせる「トリガー」になることもある。

5

第5章

セカンダリーマーケットの活性化が日本経済を成長させる

1

「日本の成長を支援する」という仕事のために

ここまで、非上場企業の少数株式の特徴から、買い手の探し方、株価の決め方や発行会社・買い手との交渉などを具体的な事例とともに説明してきました。非上場株式の売却プロセスについてイメージを持っていただけましたでしょうか。

本章では、私が当社（日本成長支援パートナーズ（NGS））を設立するまでの経緯をお話しするとともに、NGSの活動を通じて実現したいことについてお話させていただきます。

疲弊する地方を元気にしたい

私が生まれ育った徳島県の小松島（こまつしま）市は、徳島県の東部中央、紀伊水道沿岸に位置し、本州と四国をフェリーで結ぶ小松島港を中心に栄えました。緑豊かな山々をはじめとして、紀伊水道に面した豊かな漁場があり、豊富な地下水は市内各所において名水として親しまれている美しい町です。

しかし、1998年に本州と四国を結ぶ明石海峡大橋が開通して以降、少しずつ状況が変わります。フェリーを利用する人が減り、人の流れが変わった結果、消費は本州に流出し、地元商店街ではシャッターを閉める店舗が目立つようになりました。私が高校生の頃でした。

その後上京し、東京の大学で学びながらも、帰省するたびに活気を失った商店街の風景を目の当たりにしていた私は、「疲弊した地元をなんとかできないか」と思っていました。人口減少や地域経済の衰退をはじめとして、少子高齢化や医師不足、災害への対応など、地方が抱える問題はさまざまです。それを解決するのは、ヒトとあらゆるモノを結びつけて付加価値を生み出すインターネットの力ではないか――当時からそう考えていた私は、情報通信行政に携わりたいと考え、総務省に入省しました。

入省した2006年当時は、携帯電話の普及率が高まるとともに多機能化していき、高速・大容量通信、さらにすべてのモノがインターネットでつながる時代が到来しようとしていました。

その中で、ＩＣＴ（情報通信技術）は地域間格差などさまざまな社会問題の解決や持続可能な経済成長の手段として期待されて、情報通信行政の社会的重要性もますます高まっている頃でした。

総務省で情報通信政策の企画・立案部門に配属された私は、放送行政を担当し、インターネットの普及により経営環境が大きく変化している放送局の課題に対し、「通信と放送をどのように融合していくべきか」「そのためにはどのような制度設計をしていくべきか」といった政策の立案に取り組みました。

M&Aなら、より多面的に企業を支援できる

ただ、そのような仕事にやりがいや使命感を感じる一方で、当時、お盆やお正月に帰省するたびに活気を失っていく地元の姿を目にして、モヤモヤした気持ちを抱えていました。地方を元気にしたいと思って総務省に入ったはずなのに、町はどんどん元気がなくなっていく。景気のせいもあるかもしれないが、地元の企業がしっかり育っていないというのも原因ではないか。地方を元気にするためには、国というマクロな視点からではなく、企業

を直接支援するほうが効果的ではないか……。

そんなある日、学生時代の友人に再会する機会がありました。聞くと、その友人はM&Aのアドバイザーの仕事をしていると言います。企業・事業の合併や買収を支援することで、企業の競争力を高めたり、成長を後押ししたりできる。私は、M&Aのアドバイザーという仕事に、大きな魅力を感じました。「地方を活性化したい」という当初の志に立ち返っても大きなやりがいがあると思えるものでした。

ほどなくして、その友人を介した縁でM&Aの仕事に携わる機会を得ることができました。こうして、M&Aの世界でのキャリアの第一歩を踏み出したのです。

非上場企業の少数株主のニーズを見つける

M&Aの仕事は、まったくネットワークがないところからはじめました。「会社を売りたい」という依頼を受けると、買収見込みのある企業に片っ端から電話をしました。何十件と電話をすると、中には会って話を聞いてくれる企業もあります。会って話すと、「今回の案件は見送るが、こんな会社を買いたい」と教えてくれたりします。こういった訪問や面談を積み重ねていくことで、少しずつネットワークと生きた情報を増やしていきました。

そうしてアドバイザーとしてさまざまな企業のM&Aを支援する中で、M&Aを通して企業が大きく成長していく事例を何度も目の当たりにしました。「M&Aは企業の成長をサポートできる仕事なんだ」という確信が自分の中で高まっていきました。

一方、さまざまな企業のM&Aを支援する中で、非上場企業の少数株主が、株式を売却したくてもできずに困っているケースをしばしば目にするようになりました。

この非上場企業の少数株式の売買は、一般的にはM&Aアドバイザーからは敬遠されることの多い分野でした。というのは、保有メリットの少ない非上場企業の少数株式をわざわざ買いたいというプレーヤーは少なく、売買成立には非常に手間がかかるにもかかわらず、M&Aと比べて成功報酬は多くを望めないため、M&Aのアドバイザーからすると、魅力が薄い案件とうつるからです。

非上場企業の少数株式を売りたいというニーズはあるのに、流動化支援を専門的に行っているアドバイザーがいない。その結果、非上場企業の少数株主が誰にも相談できず放置されている。

そうであれば、自分がその分野を専門的に扱うことで、困っている少数株主を救うことができるのではないか。

こうして2018年、非上場企業の少数株式の流動化支援を行う「日本成長支援パートナーズ（NGS）」を設立しました。

非上場企業の少数株式でも流動化できる

本格的に事業を開始してみると、想定していた以上に非上場企業の少数株式の売却に関する相談をいただきました。そして、その多くのケースで売買を成立させることができました。

というのも、M&Aのアドバイザー業務を通して、事業会社やファンドなど多くの買い手候補とのネットワークを築いていたので、「この案件内容なら、あの会社に話をしてみよう」と見当をつけることができたのです。

また、M&Aの実務を通して、株式の売買の進め方や株価の決め方、売り手・買い手・発行会社の考え方への理解など、多くのノウハウと経験を積んできました。そのノウハウと経験も活かすことで、「非上場企業の少数株式でも流動化できる」という手応えをつかむことができました。

依頼を解決するごとにノウハウや経験値が得られ、新しい案件にも活かすことができ、成功確率がさらに高まります。また、一緒に仕事をした弁護士や税理士から繰り返し依頼をいただくことも増えていきます。依頼が増えれば、さらにノウハウや経験を積み上げることができます。このように、「非上場企業の少数株式」という分野のアドバイザーとして順調に実績を積むことができました。

2

セカンダリーマーケットの活性化が日本経済を成長させる

NGSを立ち上げたもうひとつの目的

私がNGSを立ち上げた目的は、「株式が売却できずに困っている少数株主を助けたい」ということだけではありません。もうひとつ「発行済みの株式が流通するセカンダリーマーケットを活性化させることで、日本経済の成長に貢献したい」という目的があります。

セカンダリーマーケットを活性化させることのメリット

発行済みの株式が投資家のあいだで売買される市場のことを、株式が二次流通するマーケットという意味で「セカンダリーマーケット(*)」と呼びます。

本書のテーマである非上場企業の少数株式の流通は、このセカンダリーマーケットで行われます。セカンダリーマーケットを活性化させることのメリットは2つあります。

1つはコーポレートガバナンスの観点におけるメリットです。

既にみてきたとおり、非上場企業では所有と経営が一体で、株主による経営の監視・監督というガバナンスのしくみが適用できていないケースも多いため、経営者が独裁的になったり、暴走してしまうことがあります。その結果、貴重な経営資源や事業資金が企業の成長投資に振り分けられず、中長期的な企業の価値向上を阻害してしまっているケースがあります。

そこで、非上場企業の少数株式の流動性を高めることができれば、株主を定期的に入れ替え、外部株主の視点を入れることによって経営に緊張感を持たせることが可能になります。そのために必要なのがセカンダリーマーケットの活性化なのです。

日本企業の大半を占める非上場企業が外部の眼によるガバナンスの向上を目指しはじめたら、必ず日本の企業や企業文化、そして当然、組織形態や従業員の働き方も変わります。そうして健全な経営を実現した企業は、必然的に生産性、収益性の向上を目指して企業価値を高めていくことになり、それはつまるところ、日本経済の成長につながります。

＊国や企業などが新たに発行した証券を、投資家が直接取得する市場を、「プライマリーマーケット」といいます。

成長資金を調達しやすい環境になる

2つ目は資本市場の活性化に資するというメリットです。

たとえば、トヨタや日産など大手自動車メーカー各社は、新車の販売だけでなく、中古車の流通にも力を入れています。なぜかというと、新車を売るためには、今乗っている車を手放してもらう必要があるからです。中古車を売って、その資金を元手に新車を買ってもらうことを促すために、自動車メーカーがみずから中古車マーケットの活性化に注力しているのです。

同様に、非上場企業の株式において、株式を保有する人（投資家）がその株式を自由に売却できるセカンダリーマーケットが活性化すると、投資家にとって株式が流動性を失い「塩漬け」になるリスクが軽減されます。その結果、投資のハードルが下がり、市場へ資金が流入すること、つまり資本市場の活性化に繋がります。もちろん、売却によって得た資金

図表 5-1 ／世界のセカンダリーマーケット

○米国では企業の成長ステージに応じ、非上場株式等による投資が活発に行われている（2019 年は約 98 兆円）。

（参考）日本は 2019 年、1.3 兆円。

○非上場株式のセカンダリー取引量は世界的に増加している（2019 年は約 9 兆円※）。

※日本における非上場株式の流通市場は現在、株主コミュニティ制度のみであり年間の取引額は約 5 億円。

◉日米の非上場株式等による投資額

投資カテゴリー	日本	米国※
PEファンド投資	9,800 億円	74 兆 2,817 億円
VC・CVC投資	2,833 億円	20 兆 8,712 億円
エンジェル投資	42 億円	2兆 6,185 億円
株式投資型 クラウドファンディング	9億円	68 億円
株主コミュニティ制度	20 億円	—
合計	1兆 2,704 億円	97 兆 7,782 億円
（参考）IPO・PO等	1兆 2,731 億円	24 兆 2,347 億円

※ 1 米ドル =109.56 円（MUFGの 2019 年年間平均TTMレート）で円換算。

◉世界の非上場株式のセカンダリー取引量（推計）

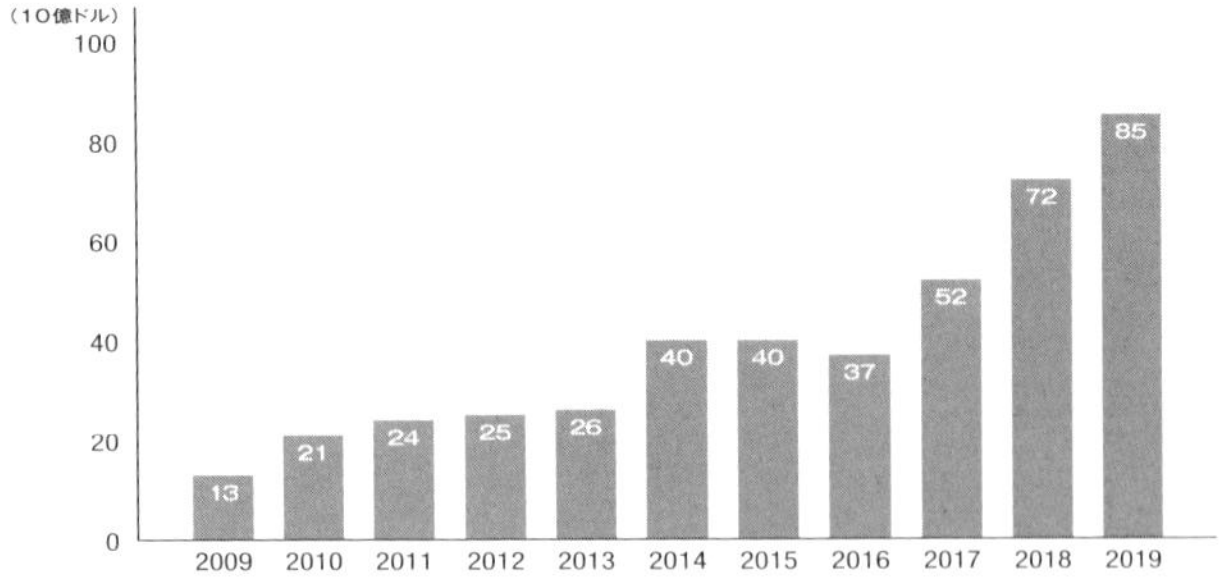

【上表注】データは原則 2019 年の数値（日本のエンジェル投資は 2018 年、株主コミュニティ制度は 2020 年の累計）、米国のPEファンド投資はデットを含む

【上出典】日本証券業協会「非上場株式の発行・流通市場の活性化に関する検討懇談会（第 1 回資料）」(2019)、SEC「Facilitating Capital Formation and Expanding Investment Opportunities by Improving Access to Capital in Private Markets」を基に金融庁にて作成

【下出典】Coller Capital「The Private Equity Secondary Market」を基に金融庁にて作成

（出典：金融庁 金融審議会「市場制度ワーキング・グループ」（第 6 回）事務局説明資料（成長資金の供給のあり方に関する検討））

も再投資しやすくなります。これは会社側からすると、株主の資本コストが軽減され、成長資金を調達しやすい環境になることを意味します。

実際、セカンダリーマーケットが活性化している米国では、企業の成長ステージに応じて非上場株式などへの投資が活発に行われており、２０１９年の非上場株式への投資額は、日本の１・３兆円に対し、米国では98兆円となっています。また、世界におけるセカンダリー取引量は、日本の約5億円に対し約9兆円となっています（図表5－１）。

投資家によるリスクマネー供給が少ないため、日本ではユニコーン企業（上場前の段階で企業価値が10億ドル（約１，１００億円）を超えるスタートアップ企業）が育たないと言われています。このような現状を打破するためにも、日本の資本市場を活性化するセカンダリーマーケットの創出は、まさに喫緊の課題であるとも言えるでしょう。

おわりに

アドバイザーとして数多くの案件に関わらせていただくと、発行会社と敵対的になってしまった少数株主の方から相談をいただくことがあります。関係が相当こじれてしまっていることも多いのですが、本来、発行会社と株主は会社の事業や経営に対して協力関係にあるべきであり、敵対関係になることは会社の成長にとって何のメリットもありません。

株主は、経営者と適度な緊張感を持ったうえで、短期的な利益ではなく、中長期的な視点からステークホルダー全員の利益を考える存在であるべきです。また、事業に関する高い知識を持ち、経営者と対話（dialog）ができる、成長投資のため一時的に利益が下がるリスクがあっても、中長期的に企業の成長を応援する存在であるべきです。

株主は、このような存在であろうとする気概を持つ必要がある一方で、経営者も、会社の中長期的な成長にプラスとなる株主を育てるよう、戦略的な株主政策を行っていくことが求められています。

ただ、株主の高齢化などによる意図しない「株主の交替」を受け、株主関係がこじれてしまっているケースがあることも事実です。経営者も株主も望んでいないのに、株主構成が固定化されている状態は、企業のステークホルダー全員にとって望ましいものとは言えません。

だからこそ、上場企業と同じレベルは難しいかもしれませんが、非上場企業においても、一定程度、株式を流動化できる環境が必要と考えています。

一度投資したら二度と売買できないというのではなく、投資回収も含め投資家たちが安心して参加できる市場があるからこそ投資家は集まり、企業にとってプラスとなる良い株主が育ちます。良い投資家、良い株主がいて、良い経営者や良い企業が育ちます。

セカンダリーマーケットが拡大している米国では、ＧＡＦＡなど、新たな領域を切り開くグローバルな企業が生まれました。日本でも、そういった企業を生み出すために、良い投資家、良い株主を育てる土壌が必要と常々感じています。

本書が、非上場企業への投資環境づくりのきっかけとなり、日本経済の活性化に少しでも役立つことができれば、私としては嬉しい限りです。

私自身も、非上場企業の少数株式の流動化支援を通して、セカンダリーマーケットの活性化により一層邁進していきたい。

２０２１年10月　麹町にて

都　竜大

本書についてのご感想ご意見などは、以下にお寄せいただければ幸いです。

info@ngspartners.jp

【参考文献】

江頭憲治郎『株式会社法 第8版』有斐閣、2021
高村隆司『非上場会社の支配権獲得戦』中央経済社、2011
牧口晴一・齋藤孝一『非公開株式の譲渡の法務・税務 第6版』中央経済社、2019
田儀雅芳『ビジネス図解 非公開会社の自社株のしくみがわかる本』同文舘出版、2020
中野淑夫『同族会社のトラブル予防・解決ガイド』中央経済社、2020
幸田博人『プライベート・エクイティ投資の実践』中央経済社、2020
藤田勉・幸田博人『オーナー企業はなぜ強いのか?』中央経済社、2018
森生明『会社の値段』筑摩書房、2006
菊地正俊『良い株主 悪い株主』日本経済新聞出版社、2016
JPXホームページ https://www.jpx.co.jp/
国税庁ホームページ https://www.nta.go.jp/

著者：都 竜大（みやこ たつひろ）
日本成長支援パートナーズ株式会社 代表取締役

1981年徳島県生まれ。一橋大学卒業後、2006年総務省に入省し、おもに情報通信政策、放送政策に従事。09年退官後、上場企業を経て、独立系M&Aファームに参画し、数々のM&A・事業承継案件、資金調達案件を担当。18年非上場企業の少数株式の流動化支援を専門的に行う日本成長支援パートナーズ株式会社を創業。個人の少数株主から直接依頼を受ける一方で、弁護士、公認会計士、税理士などからも依頼を受け、共同でプロジェクトを推進することも多数。

売りたいのに売れない！
非上場企業の少数株主が困ったときに読む本

2021年10月18日　第1刷発行

著者　都 竜大
発行人　後尾 和男
編集協力　板倉 義和
装丁・組版　テラカワ アキヒロ（Design Office TERRA）
発売元　株式会社 玄文社
〒108-0074 東京都港区高輪 4-8-11-306
印刷・製本　新灯印刷 株式会社

　ISBN 978-4-905937-61-6